엄마가, 미안해 그리고 사랑해

엄마가, 미안해 그리고 사랑해

초판 1쇄 발행 2011년 6월 1일
초판 10쇄 발행 2011년 6월 27일

지은이 정옥숙, 이이림 **발행인** 최봉수 **총편집인** 이수미 **사업단장** 박성인
편집인 이홍 **편집주간** 이선화 **편집장** 최서윤 · 박희연
책임편집 박희연 **디자인** 모리스
제작 한동수 **마케팅** 박창흠 이영인 김남연 이승헌 최애림

발행처 (주)웅진씽크빅 **출판신고** 1980년 3월 29일 제406-2007-00046호
임프린트 리더스북그룹 **주소** 서울시 종로구 동숭동 199-16 웅진빌딩
주문전화 02-3670-1570, 1571 **팩스** 02-747-1239
문의전화 02-3670-1162(편집) 02-3670-1017(영업)
홈페이지 http://www.wjbooks.co.kr

ⓒ 정옥숙, 2011 저작권자와 맺은 특약에 따라 검인을 생략합니다.
ISBN 978-89-01-12433-9 (03810)

리더스북그룹은 리더스북과 웅진윙스 브랜드를 포함한
(주)웅진씽크빅 단행본개발본부의 브랜드입니다.
이 책은 저작권법에 따라 보호받는 저작물이므로 무단전재와 복제를 금지하며,
이 책 내용의 전부 또는 일부를 이용하려면 반드시 저작권자와
(주)웅진씽크빅의 서면동의를 받아야 합니다.
이 도서의 국립중앙도서관 출판시도서목록(CIP)은
e-CIP 홈페이지(http://www.nl.go.kr/ecip)에서 이용하실 수 있습니다.
(CIP 제어번호: 2011002119)

※ 책값은 뒤표지에 있습니다.
※ 잘못된 책은 구입하신 곳에서 바꾸어 드립니다.

진실, 진영에게 띄우는 엄마의 첫 번째 편지

엄마가, 미안해 그리고 사랑해

정옥숙 지음

웅진윙스

엄마에겐,
난, 늘, 사랑하는 딸이라는 구절이
더 아파.
엄마,
사랑해……
나도 꼭 엄마 같은 엄마가 될거야.

―

故 최진실이 엄마에게 남긴 마지막 메모

진실, 진영이 아기 때 같이 찍은 유일한 사진이다.
부모로부터 듬뿍 사랑을 받지 못해서였는지,
둘은 서로에게 많이 의지하면서 유난히 우애가 돈독했다.
지금도 하늘나라에서 함께 우리 가족을 지켜주고 있으리라.

진실 아빠는 딸 진실이를
무척 예뻐했다.
어느 날은 진실이만 몰래 불러내
놀이공원 같은 데를 데려가
놀아주기도 했다.

시골에 살 때 냇가에서
피라미 잡는 진실과 진영,
둘은 이 시절이
가장 행복했다고 종종 말했다.

진실이와 진영이는 나 몰래
연기자의 꿈을 함께 꾸었다.
KBS 연기자 시험에 둘 다 합격하고서도
돈이 없어 포기했지만
끝내 자신들의 꿈을 이루었다.

700만 원짜리 전셋집을 얻고 우리 세 가족은
케익을 하나 사서 조촐한 파티를 열었다.
겨울에도 따뜻한 물 콸콸 나오고 방도 두 개인
반지하 전셋집이 어느 집 대궐보다 우리에겐 편안했다.

진실이는 양가의 반대에도 불구하고
당대 최고의 야구선수였던 조성민과 결혼했다. '세기의 커플'이라
는 수식어가 어울리는 두 사람이었다. 이때만 해도 둘이 결혼해서
어느 누구보다 행복하게 잘 살 것이라고 믿었다.

양가에서 기다리던 두 사람의
첫 아기가 태어났다. 아들이었다.
눈이 크고 쌍꺼풀도 깊어
한눈에 봐도 부모의 훤칠한 외모를
빼닮은 아기였다. 손주 환희는
세상이 모두 축복하는 가운데
그렇게 태어났다.

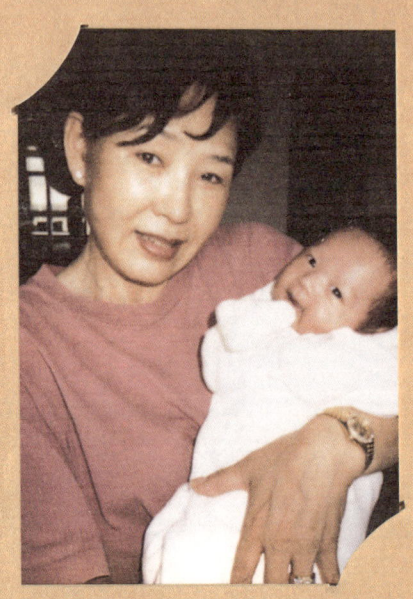

환희 백일 때,
우리는 가족끼리 조촐하게
그날을 기념했다. 당시 진실이는
너무 행복하다며, 세상에서
가장 행복한 여자라며 마냥
좋아했다. 진실이가 행복해하는
모습에 진영이도 나도
덩달아 행복했다.

진실이는 남편이 유명한 야구선수라는 걸 자랑스러워했다.
아이들도 그런 아빠를 멋지게 생각해주길 바랐다.

부모의 바쁜 스케줄 때문에 환희 돌잔치는 원래 생일보다 훨씬
앞당겨 했다. 그날 환희는 엄마 아빠의 기대와는 달리 연필을 잡았다.

뱃속에 있는 둘째를 위해 진영이와 함께
청계산으로 등산을 갔다. 사진 속에서
온화하게 웃고 있는 진실이의 모습이
왠지 슬퍼 보인다. 아빠의 축복 없이 태어날
아기를 꼭 품고 있는 내 딸의 모습이……

준희는 아주 건강하고
튼튼하게 태어났다.
진실이는 준희를 사막에 가서도
살아남을 강인한 아이라고
말하곤 했다.

진실이는 아이들이 아빠의 빈자리를
느끼지 못하도록 자신이 더 많이
사랑해주고 채워주겠다고 했다. 그리고
마지막 순간까지 정말 그렇게 했다.

2007년 5월, 우리 가족은 오사카로 여행을 갔다.
그것이 진실이와의 마지막 여행이었다.
사진 속 진실이의 모습은 그간의 맘고생을
말해주기라도 하듯 너무도 가녀린 모습이다.

환희 준희 꿈에 진실이와 진영이가 가끔
나타나 얘기도 나누고 함께 놀아준다고 한다.
그렇게라도 못다 한 사랑을 나누고 싶으리라.

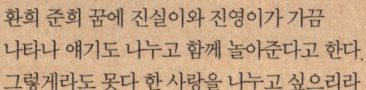

곧 일흔을 바라보는 나이……
내 생의 마지막 소원은 죽어서 진실이 진영이를
다시 만날 때 웃으며 꼭 안아주는 것이다.

글을 시작하며
—
연기자 최진실, 최진영을
기억해주는 고마운 분들께

진실, 진영이가 떠난 지 벌써 여러 해가 흘렀습니다. 제겐 이 시간이 아이들이 떠나고 홀로 아픈 시간을 삭이며 뜬눈으로 지새운 고통스러운 밤들이었습니다. 할 수만 있다면 자식들이 떠난 먼 길을 달려가 동행하고 싶습니다. 하지만 제게는 살아야만 하는 이유가 있습니다. 진실이가 남겨놓고 떠난 두 아이 환희, 준희를 지키는 일입니다.

할머니인 저만 세상에서 가장 아픈 일을 겪은 게 아니라 두 아이도 사랑하는 '엄마'를 잃었습니다. 진실이가 끝까지 지켜주지 못한 두 자식, 환희와 준희만은 건강하게 무럭무럭 자라도록 지켜주겠다는 일념으로 오늘도 힘든 시간을 건넙니다.

"할머니, 내가 커서 일찍 결혼할 테니까, 그래서 아이도 많이 낳을 거니까 그때까지 꼭 사셔야 해요. 할머니, 꼬옥 약속해요."

환희는 제게 손가락을 걸며 약속을 하자고 합니다. 할머니를 사랑한다고도 말합니다. 환희는 엄마가 보고 싶어도 할머니를 슬프게 할까 봐 꾹 참는 속 깊은 아이입니다. 이제 환희, 준희 두 아이가 제게

희망이 되어주고 있습니다.

　어린 시절부터 진실이와 진영이는 저의 좋은 친구였습니다. 입버릇처럼 나중에 크면 엄마가 고생한 거보다 몇 배로 더 행복하게 해주겠다고 말하곤 했습니다. 아이들은 약속을 지키고 떠났습니다. 두 아이가 연기자로 산 20여 년의 세월 동안 저는 대한민국에서 가장 행복한 엄마였습니다. 아이들 덕분에 많은 것을 누리며 살았습니다. 그렇게 누린 행복만큼 아이들이 떠난 뒤의 상실감과 슬픔은 이루 말할 수 없이 컸습니다. 하지만 이제 기운을 내야 합니다.

　어느덧 일흔을 바라보는 나이가 되었습니다. 저는 1945년 경상북도 상주군 외남면 소상리에서 태어났습니다. 해방되던 해에 태어나 6·25 전쟁을 거치며 너나 할 것 없이 못 먹고 못 입던 어려운 시절을 살았습니다. 이 책에서 저는 제가 살아온 이야기를 처음으로 해볼까 합니다. 가난했던 시절, 많은 사람이 함께 겪은 고난의 이야기이기도 합니다. 가난이 준 서러움을 실컷 겪으며 성장한 저는 대중들의 사랑을 받았던 진실이, 진영이로 인해 전혀 다른 세상을 살아보기도 했습니다. 두 아이의 존재는 제게 축복이었습니다.

때로 나보다 먼저 간 아이들이 원망스럽고 야속하지만 그 어디에서라도 편안히 쉬고 있기를 바랍니다. 화려한 스타의 삶을 살았지만 그 뒷면에는 외롭고 고통스러운 시간이 있었습니다. 옆에서 그 모습을 바라보면서도 끝내 지켜주지 못했습니다.

사랑한다는 말 한 마디 변변히 해주지 못한 것이, 힘들어하는데도 손 한번, 등 한번 따스하게 쓰다듬어주지 못한 일이 가시처럼 가슴에 박힙니다.

다른 엄마들처럼 똑똑한 엄마였다면 얼마나 좋았을까. 대학 교육도 받고, 행동이나 말도 세련되게 할 줄 아는 엄마였다면 얼마나 좋았을까. 두 아이가 고통스러운 상황에 있을 때 힘이 되는 엄마였다면 얼마나 좋았을까. 무뚝뚝하고 무지한 엄마가 아니었다면 얼마나 좋았을까……. 하루에도 수십 수백 번 자책합니다.

　아이들이 떠나고 난 뒤 마지막 힘을 냅니다. 이 책을 통해 세간에 떠도는 오해를 푸는 일도 제 과제입니다. 더 늦기 전에 할머니가 환희와 준희에게 해줘야 할 일이 있습니다. 엄마가 멋진 사람이었다는 것을, 이름처럼 진실되게 살려고 노력했다는 것을 알려줘야 합니다. 진실이는 좋은 딸, 좋은 엄마였습니다.

　자식을 먼저 보낸 죄, 그래서 고개를 들고 다니지 못할 만큼 괴로울 때 지금은 고인이 되신 박완서 선생님의 글을 읽고 큰 위로를 얻었습니다. 사랑하는 외아들을 먼저 하늘나라로 보내신 그분의 글을 읽으며 밤새도록 통곡하기도 했습니다. 자식을 잃어보지 않은 사람은 그 심정을 십만 분의 일도 헤아리지 못합니다.
　맘껏 내 자식 얼굴을 볼 수 있는 것만으로도 감사한 일입니다. 그래서 저는 환희, 준희에게 말합니다. 건강하고 씩씩하게만 자라라고.

그러면 할머니는 더 이상 바랄 게 없다고.

　　진실이와 진영이를 아껴주셨던 분들 감사합니다. 아이들이 연기자로 살면서 자칫 실수를 하거나 마음 섭섭하게 대한 분들이 있다면 제가 대신 머리 숙여 용서를 빕니다.

　　이 책이 쓰여질 수 있었던 것은 MBC 휴먼다큐 〈사랑〉 덕분입니다. "어머니, 이제 세상 밖으로 나오세요"라고 권해주신 휴먼다큐 이모현 PD님과 고혜림 작가님. 그분들의 말이 힘이 되어 그동안 소망하던 책 출간까지 하게 되었습니다. 무엇보다 이 책을 공들여 만들어주신 웅진씽크빅의 박희연 편집장님, 제대로 글 쓰는 법을 몰라 헤매고 있던 제게 이야기를 차근차근 풀어갈 수 있도록 도와주신 이이림 작가님에게도 감사드립니다. 이분들의 노고가 있었기에 저희 가족의 이야기를 담은 한 권의 책이 나올 수 있었습니다. 이 책이 훗날 환희, 준희에게 주는 할머니의 선물이기를 바랍니다.

마지막으로 두 아이에게 할머니의 마음을 전합니다.

환희, 준희야!
언젠가 할머니가 이 세상을 떠나더라도 너희를 너무나 사랑한 세 사람이 있었다는 걸 기억해주렴. 엄마, 삼촌, 할머니는 먼 곳에 있더라도 언제나 너희를 지켜줄 거야.
사랑해.

2011년 5월의 어느 봄날에
진실, 진영 엄마 정옥숙

차례

글을 시작하며
연기자 최진실, 최진영을 기억해주는 고마운 분들께   22

Part 1
기쁨_그리고 웃음

시아버지의 선물, '진실'되게 살라는 이름	34
남자는 여자 하기 나름이에요	41
700만 원 전세의 꿈을 이루다	45
통닭과 수제비	55
세상에서 두 번째로 맛있는 냉면	62
맹추 같은 진실이, 과묵한 진영이	67
연탄광이라도 셋이 함께라면 행복해	73
난, 이제 가수다!	82
어머니는 집에서 돈만 세시면 돼요	90
네가 행복하다면 우리도 행복해	98

분노_그리고 용서

내 유년 시절의 풍경   112
신혼 첫날밤에도 들어오지 않은 남편   120
애들아, 엄마가 너무 무능했지?   126
사랑이라는 그 몹쓸 열병   134
결혼, 그리고 너무도 아픈 실망   142
엄마, 사람들이 무서워   151
최진실 엄마가 사채를 했다며?   162

슬픔_그리고 그리움

너희가 있어 엄마는 용감했단다	176
엄마, 내가 죄가 많은가 봐	187
2008년 10월 2일, 2010년 3월 29일	198
지켜주지 못해 미안해	212
장밋빛 인생 같은 삶	219
이제는 부디 편안한 마음으로 떠나길…	228

희망 _ 그리고…

꿈속에서 엄마는 천사가 되다	236
그래도 핏줄이지	242
진실이를 닮은 손자, 진영이를 닮은 손녀	248
내 생의 마지막 소원	258

글을 마치며
진실, 진영이에게 보내는 편지   264

진실하게 살라고 지어준 이름, 진실.
때로 누군가는 너에게 진실하지 못하다고 비난했지만
엄마는 안단다.
네가 얼마나 최선을 다해 열심히 살려고 했는지,
좋은 딸이 되기 위해
좋은 누나가 되기 위해
좋은 엄마가 되기 위해
좋은 아내가 되기 위해
그리고 멋진 연기자가 되기 위해 얼마나 애썼는지…….

엄마는 여전히 기억한단다.
네가 복사꽃처럼 환하게 웃는 아이였다는 것을.

PART 1

기쁨_그리고 웃음

시아버지의 선물, '진실'되게 살라는 이름

1968년 크리스마스 이브, 진실이가 태어났다. 겨울이었지만 그날따라 유난히 볕이 좋았다. 마당에 빨래를 널다가 왠지 좋은 소식이 올 것처럼 가슴이 두근거리면서 기분이 좋았다. 그러고는 얼마 지나지 않아 통증을 느꼈고, 병원에 가서 오랜 시간의 산고 끝에 아이를 낳았다. 간호사의 목소리가 어렴풋이 들렸다.

"어머니, 예쁜 딸이에요!"

어지러운 상태에서도 딸이라는 소리가 무엇보다 반가웠다.

'내가 정말 딸을 낳았구나.'

기쁘면서도 눈물이 쏟아졌다. 시댁에서는 아들보다 딸을 더 귀히 여겼다. 딸을 낳았다는 소식을 듣고 시아버님이 한달음에 달려오셨다. 이른 아침 도착하셔서 병원 문이 열리기를 기다렸다가 쏜살같이 들어오셨다고 한다.

"손녀 좀 보자!"

그때만 해도 다들 아들, 아들 하는 분위기였다. 딸을 낳았다고 시부모가 달려와 경사났다고 기뻐하는 경우는 드물었다. 시부모님은 진실이의 탄생을 누구보다 기뻐하셨다.

"갓 태어난 녀석이 참 똘망지게도 생겼네."

큰고모는 아기 생김새가 유난히 야무지다고 칭찬을 했다. 아기를 본 사람들은 하나같이 덕담들을 해주었다. 다들 예쁘다고 입을 모았다. 내가 보기에도 신생아치고 까무잡잡한 피부에 뚜렷한 이목구비가 눈에 띄었다. 특히 눈과 눈썹이 머루처럼 까맣고 예뻤다.

딸을 낳았다는 소식에 남편도 싱글벙글 웃으며 좋아했다. 내게 진실이는 복덩이였다. 엄마가 되고 보니 내가 낳은 아기가 사람들에게 축복을 받는 것만큼 기쁜 일도 없었다. 그저 무럭무럭 건강하게 잘 자라주기만을 기도했다.

"새아가, 아기 이름을 진실이라고 지었다."

최진실. 시아버님은 자신이 금쪽같이 여기는 손녀에게 '진실'이라는 이름을 지어주셨다. 처음 이름을 들었을 때는 왠지 마음에 들지 않았다.

"아버님, 진실이 말고 다른 이름은 없을까요? 제가 듣기에는 별로인데……."

"왜, 안 좋은 게냐? 좋은 이름이다. 예쁜 딸도 얻었으니 아범도 진실되게, 성실하게 살라는 뜻에서 이렇게 지었다. 둘째도 딸을 낳으면 '진홍'이라고 지으면 되겠다."

시아버님이 손녀의 이름을 '진실'이라고 지으신 이유를 알고 나니, 처음의 찜찜한 마음은 싹 사라지고 입에 착 감기는 것처럼 좋았다.

시아버지는 서대문 영천에서 둘째가라면 서러워할 만큼 멋쟁이셨다. 어디를 가도 맵시 있다는 소리를 들을 정도로 잘 차려 입고 다니셨다. 시어머니도 고전적인 미인상에 성품이 온화하셨고, 두 분은 남들이 부러워할 정도로 금실이 좋으셨다.

남편은 시아버지께서 진실이라는 이름을 지어주시면서 기대하신 만큼 진실되게 살지 못했다. 하지만 진실이는 이름 덕분인지 많은 사람의 사랑을 받았다. 연예계 데뷔 후에는 기자들로부터 혹시 가명이 아니냐는 질문을 수없이 받기도 했다.

주위 사람들에게 덕담을 많이 들어서인지 진실이는 큰 병치레 없이 순하게 잘 자랐다. 가만히 눕혀 놓으면 울거나 보채지도 않아 엄마를 편하게 해주는 아기였다.

연예인이 된 뒤 진실이가 "엄마, 내 뒤통수는 왜 이렇게 납작해?"라며 볼멘소리를 하기에 "어릴 때 너는 거의 보채지 않았어. 그래서 한번 눕힌 채로 계속 놔둬서 그런 거 같아"라고 했다가 원망의 소리를 들은 적이 있다.

진실이가 태어나고 나서 나는 비로소 시댁에서 며느리로 인정받았다. 친구의 소개로 진실이 아빠를 만났을 때 나는 첫눈에 반했다. 그 사람은 모든 면에서 어수룩한 나와는 달랐다. 나는 여러모로 답답한 구석이 많은 사람이었다. 술을 마실 줄도 몰랐고 사람들과 어울려 노는 데에도 서툴렀다. 하지만 진실이 아빠는 팔방미인이었다. 다방면에서 재능과 끼가 넘쳤고 언변도 좋아 주변에 친구가 많았다. 나와는 전혀 다른 세계에 사는 사람처럼 보였으니 어린 마음에 푹 빠져들 수밖에 없었다. 진실 아빠는 내게 첫사랑이었다. 데이트를 하고 집으로 돌아갈 때 한 번도 버스 정류장에서 제대로 내려본 적이 없다. 몇 정거장 지나치고 나서야 정신이 들었다. 그 정도로 폭풍 같은 연애를 했다. 나이 차이가 많이 난다는 주위의 반대는 전혀 귀에 들어오지 않았다. 여덟 살 차이 정도는 별것 아니게 느껴졌다. 진실이는 가끔 진영이가 젊을 적 아빠 모습을 많이 닮았다고 말하곤 했다.

그러나 스물한 살에 서둘러 결혼식을 올리고 나서 보니 그에게는 이미 두 아이가 있었다. 다른 여자가 있었던 것이다. 그는 군인 시절에 실수를 해서 낳은 아이라고 변명을 했다. 친정에서 그렇게 반대하는 결혼을 했으니 이제 와 물릴 수도 없고…… 있는 그대로 받아들일 수밖에 없었다.

그에게는 벌써 아이가 둘이나 있었기 때문에 주위에선 더 이상 아기를 기대하지 않았다. 하지만 나는 나와 남편을 닮은 아이를 꼭 낳고 싶었다. 진실이는 딸이라는 이유만으로도 모두에게 기쁨을 주었고, 모두의 축복을 받으며 태어난 아기였다. 진실이를 낳은 후 내 인생은 새롭게 시작되는 것 같았다. 이제 밖으로 떠돌기 좋아하는 남편만 마음을 잡는다면 더 바랄 게 없었다.

"엄마의 복덩이, 최진실. 엄마는 네가 세상에서 제일 좋다."

나는 밤마다 진실이의 볼, 손가락, 발가락을 하나하나 쓰다듬어주었다. 무럭무럭 건강하게 자라서 엄마에게 좋은 친구가 되어달라고 기도하면서.

남편도 진실이를 애지중지 귀여워해주었다. 늘 밖으로 돌면서도 어쩌다 한 번 집에 오면 아이들을 데리고 냇가로 물놀이를 갔다.

"엄마, 난 그때가 정말 좋았던 것 같아."

하루는 촬영을 마치고 피곤한 몸을 이끌고 집에 온 진실이가 옛날 이야기를 했다.

"그때? 언제?"

"어릴 때 엄마랑 아빠랑 진영이랑 냇가 가서 멱감고 고기 잡아 매운탕 끓여 먹고 그러면서 놀던 때. 그때 정말 행복했는데……."

온 가족이 냇가로 소풍 갔던 날을 진실이와 진영이는 오래 기억했다. 가족이 함께 모여 물고기 잡고, 올챙이 잡으며 놀던 시절이 그리웠나 보다. 그때만 해도 인심이 좋아 주위 밭에 가서 깻잎이며 고추 같은 걸 따다가 먹어도 크게 나무라는 사람이 없었다. 매운탕에 각종 채소를 넣고 끓여 먹으면 맛이 일품이었다. 아이들은 그때마다 노래를 부르며 즐거워했다.

진실(위), 진영(아래) 아기 때 사진.

"엄마, 오늘은 내가 세상에서 제일 큰 부자가 된 것 같아."

진실이는 뭐가 그렇게 좋은지 옆에서 한참을 재잘거렸다. 진실이가 어렸을 때 사람들은 그애를 보고 맹추라고도 불렀고 칠면조라고도 했다. 일곱 살 즈음에는 너무 예뻤다가 어느 날은 또 너무 못생겨 보였다.

삼송리에서 살 때는 주위가 온통 논밭이었다. 지금은 도시가 되어버렸지만 그때만 해도 시골 마을이었다. 여름밤이면 풀숲에서 들려오는 낭랑한 개구리 울음소리로 귀가 쟁쟁할 정도였다.

진실이와 진영이는 매일같이 밖에 나가 뛰어놀았다. 행색도 여느 시골 아이들처럼 새까맸다. 끼니때가 되어도 들판에 쌓아놓은 볏짚에 들어가 친구들과 노느라 정신이 팔려 집에 들어오지 않았다. 개똥벌레 잡는다고 돌아다니다 무르팍이 깨져 들어오기도 여러 번이었다. 아이들 얼굴에 땟국물이 줄줄 흐르고, 콧물 자국도 마를 새 없었지만 도시 아이들보다 훨씬 건강해 보였다. 아이들은 다 낡고 흙투성이인 신발을 신고서 뭐가 그리 좋은지 시간 가는 줄 모르고 깔깔거리며 몰려다녔다. 유명 연예인이 되고 나서도 진실이와 진영이는 그 시절 이야기를 종종 꺼냈다. 가난하고 힘들었어도 되돌아보면 그때가 제일 행복한 시절이었다면서…….

남자는 여자 하기 나름이에요

"계십니까?"

찾아올 사람도 없는데 웬 남자 목소리가 들려 나가보니 점잖아 보이는 분이 마당에 서 계셨다. 뒤따라나온 진실이가 그분을 보더니 깜짝 놀라며 말했다.

"감독님, 어떻게 알고 저희 집까지 오셨어요? 엄마, 인사드려. 촬영 때 뵈었던 감독님이셔."

"진실 어머니, 처음 뵙겠습니다. CF 감독, 박경삼입니다."

세간이 변변치 않아 누구에게 보여주기도 민망한 집에 찾아온 그분에게 나는 물 한 잔 외에는 딱히 대접할 것이 없었다. 한눈에 우리집 형편을 알아보신 감독님은 나와 진실이에게 몇 가지 질문을 던지시고는 이렇게 말씀하셨다.

"지난번에 보니 진실이가 가능성이 있어 보였어요. 앞으로 꾸준히 노력하면 좋은 결실을 맺게 될 겁니다. 진실아, 넌 꼭 잘될 테니 포기하지 말고 씩씩하게 살아."

훗날 박경삼 감독님은 진실이를 처음 봤을 때 연출자의 직감으로 배우로서 성공할 가능성을 보았다고 하셨다. "하지만 그 소녀는 의욕을 보이지 않았다"는 말을 어느 기사에선가 읽은 기억도 난다. 진실이는 고등학교 때 학생복 모델로 먼저 데뷔한 동생을 따라 촬영장 이곳저곳을 기웃거리며 보조 출연을 하곤 했다. 그때만 해도 진실이는 무척 소극적인 아이였다. 그런 진실이의 모습에서 어떤 가능성을 느끼셨는지, 감독님은 몇 달 뒤 진실이에게 기회를 마련해주셨다. 한국화장품의 신제품 '센시티브' CF 촬영장에 놀러오라고 하신 것이다.

"엄마, 나 그때 그 감독님이 화장품 촬영한다고 오고 싶으면 오라고 하는데 갈까? 김희애 언니를 볼 수 있으니까 한번 가볼까 봐."

다음 날 CF 촬영장에 다녀온 진실이는 들뜬 목소리로 촬영 이야기를 전해줬다. 김희애 씨의 단독 촬영을 마친 뒤 진실이도 합류해 같이 촬영을 했다는 것이다.

"그건 그냥 찍어보는 거래. TV에 안 나갈 수 있다고 했지만 그래도 정말 좋은 경험이었어."

감독님의 말씀은 그랬지만 그 뒤 어느 날부턴가 TV에서 진실이의 모습이 보이기 시작했다. 나중에 알고 보니 1안 대신 2안이 채택되어 진실이가 김희애 씨와 함께 촬영한 CF가 방영된 것이다. 정말로 예기치 못한 행운이었다.

당시 삼성전자에서는 새로운 CF 모델을 찾고 있었는데, 때마침 모닝커피를 마시며 TV를 보던 홍보담당 부장님이 살짝 스쳐 지나가는 진실이의 얼굴을 보고 '누구지?' 하며 궁금해하다가, 충무로를 뒤져 진실이의 연락처를 알아냈다며 전화를 주셨다.

"어머니, 내일 당장 삼성전자에 들어가 미팅을 해야 돼요."

갑자기 찾아온 에이전시 사람들이 내일 아침 7시까지 삼성전자에 가야 한다면서 흥분된 목소리로 말을 전했다. 다음 날 진실이와 함께 삼성전자 빌딩 9층으로 들어서는데 온몸이 사시나무 떨리듯 떨렸다. 하얀 와이셔츠에 넥타이를 맨 사람들이 가득 앉아 있는 걸 보니 정신이 하나도 없었다. 거기서 부장님을 만나 그분이 하시는 얘기에 무조건 "알겠습니다"라고만 대답했던 것 같다. 이후 진실이는 오디션을 보고 합격이 되었고 드디어 1년 전속 모델 계약이 성사됐다. 그때의 기쁨은 이루 말할 수 없었다. 진실이는 무엇보다 박경삼 감독님께 감사하다며 제일 먼저 전화를 걸었다.

"엄마, 내가 전속 계약을 맺었다니까 '너는 된다고 그랬잖아' 하면서 축하해주셨어. 이름이 촌스러워서 '다른 이름을 쓸까요?'라고 여쭤봤더니 그냥 본명을 쓰라고 하시네. 최진실이란 이름은 예쁘니까 당당하게 사용하라고."

그날 진영이와 함께 우리 가족은 기쁨에 들떠 마치 큰 잔치라도 앞둔 양 쉽게 잠을 이루지 못했다.

자고 일어나 보니 갑자기 스타가 되었더라는 말처럼, 삼성전자 CF가 방영된 후 여기저기서 최진실을 찾기 시작했다. 특히 '남자는 여자 하기 나름이에요'라는 광고가 크게 히트를 치면서 진실이의 인기는 하루가 다르게 높아갔다.

길거리에서 진실이를 알아보는 사람도 점점 많아졌다. 하루에도 수십 번 불이라도 난 것처럼 전화벨이 울려댔다. 살면서 그런 일이 벌어질 거라고는 한 번도 상상해본 적이 없었다. 마치 놀이기구라도 탄 것처럼 주위가 빙글빙글 도는 것 같았다. 꿈인지 생시인지 분간이 안 간다는 말의 뜻을 그제야 알 것 같았다.

700만 원 전세의 꿈을 이루다

"야호! 엄마, 이제 우리도 이사 갈 수 있어. 엄마 소원대로 전셋집 알아봐요."

삼성전자와 1년 계약이 성사되던 날 진실이는 방방 뛰며 나를 껴안았다. 모델료로 1,500만 원을 받게 되는데 에이전시에 30퍼센트를 주고, 세금까지 이것저것 떼면 900만 원 정도의 수입이 생기니 당장 전셋집을 얻자고 했다. 구름 위를 걷는 것처럼 진실이의 말이 윙윙 울렸다.

남편의 지원 없이 두 남매를 키우는 동안 월세를 내지 않아도 되는 700만 원짜리 전셋집에서 살아보는 게 소원이었다. 달마다 월세 낼 때가 되면 쫓기는 사람처럼 숨이 가빴다. 돈을 또 어떻게 마련해야 할지 걱정에 밤잠을 설치는 날이 부지기수였다. 월세를 내지 못해 쫓겨난 적도 여러 번이었다. 그때마다 살길이 막막해 죽자고 마음먹은 적도 있었다. 옆에서 내가 고생하는 것을 보고 자란 진실이와 진영이는 이다음에 꼭 따뜻한 물이 콸콸 쏟아지는 집에서 살게 해주겠다고 내게 약속하곤 했다.

계약금을 받던 날 우리는 한껏 들떠 있었다. 드디어 그토록 소원하던 '따뜻한 물이 콸콸 나오는' 집을 얻게 된 것이다. 꿈같은 현실이었다. 불광동에서 한 정거장 떨어진 곳에 방 두 칸짜리 반지하 전세를 얻었다. 나는 세상을 다 얻은 것처럼 힘이 났다.

"엄마, 화장실에 들어와봐. 뜨거운 물도 잘 나와."

한겨울 공동으로 쓰는 수돗가에서 손가락이 오그라들 만큼 차가운 물에 빨래를 하다가 이제 손 시릴 걱정 없이 겨울을 날 수 있다고 생각하니 너무 감사했다. 이사하고 난 뒤 나는 며칠 동안 잠을 못 이뤘다. 방바닥을 쓸고 또 쓸며 괜히 진실이, 진영이 이름을 불러 보기도 했다. 그 시절, 너무 행복해서 아이들과 밤새 이 얘기, 저 얘기 나누다 어느새 훤하게 밝아오는 새벽을 맞이할 때도 있었다. 지금 되돌아봐도 참 알콩달콩 정겹게 지낸 날들이었다. 누가 천금을 준다 해도 바꿀 수 없는 귀중한 날들이었다.

진실이는 하루가 다르게 바빠졌다. 제때 끼니를 챙겨 먹을 짬이 없을 정도로 일이 밀려들었다. 팬이라며 갑자기 집으로 찾아온 아이들은 진실이 얼굴이 담긴 브로마이드나 책받침 같은 걸 들고 와서 사인을 받아갔다. 언제부터인가 여기저기서 진실이 이름이 자주 들려왔

700만 원짜리 전셋집을 얻어 이사하던 날
우리 셋은 작은 케익을 사서 조촐하게 파티를 열었다.

다. 어딜 가든 사람들의 이목을 끌었고 그만큼 유명해졌다.

"저기, 최진실이다!"

길을 걷다가 누가 이렇게 외치면 우르르 사람들이 금세 진실이를 에워쌌다. 나는 새삼 내 딸의 인기를 실감했다. 나도 젊었을 적 좋아하는 배우가 있었다. 문희, 윤정희, 신성일, 엄앵란 씨 등 영화에서 그 이름을 보기만 해도 황홀한 배우들이 있었다. 어쩌다 친구들과 극장에라도 가면 그날 밤엔 멋진 배우들이 나오는 꿈을 꾸기도 했다. 친한 친구들과 비비언 리, 마릴린 먼로, 그레이스 켈리, 오드리 헵번 등 주옥같은 연기를 선보인 배우들 이야기로 날이 저무는 줄도 모르고 수다를 떤 적도 여러 번이었다. 그렇게 동경의 대상이던 배우를 내 딸이 하게 되었다는 게 나는 너무 신기했다.

"엄마는 네가 TV에 나오는 모습이 너무 신기해. 어떻게 내 딸이 TV에 나오게 됐을까? 자다가도 신기해서 볼을 꼬집어보곤 해."

"아휴, 촌스럽기는. 내가 영화배우라도 되면 우리 엄마 기절하시겠다."

진실이는 앞으로 더 잘해서 엄마를 더 행복하게 해주겠다며 나를 안아주었다.

"이만큼만 해도 좋아."

"아니야, 엄마. 내가 더 잘할게. 그래서 좋은 집도 사줄게. 엄만 아무 걱정 마요."

촬영을 한 뒤 돈이 들어오면 진실이는 꼬박꼬박 내게 가져다주었다. 통장에 입금시키지 않고 받는 대로 집으로 가져와 내 손에 꼭 쥐어주었다. 그 돈을 차곡차곡 모았더니 어느새 1억 원이 되었다.

"진실아, 돈이 벌써 1억이나 됐어."

"와, 신기하다."

진실이와 진영이는 아이처럼 좋아했다. 돈을 벌면 무조건 엄마에게 줄 테니 엄마가 하고 싶은 걸 하라고 했다. 나는 그 돈으로 갈현동에 집을 한 채 장만했다. 복층 구조로 된 20평쯤 되는 빌라였다.

"엄마, 차는 한 대 있어야 할 것 같아. 촬영장 다닐 때 짐이 많은데 버스 타고 택시 갈아타고 다니는 게 너무 힘들어."

그날로 진실이는 운전면허 학원에 등록했고, 얼마 뒤 빨간색 티코를 샀다. 진실이가 모는 차에 올라타고 진영이와 나는 함박꽃처럼 웃었다.

"내 딸, 참 멋있다. 엄마가 못하는 걸 다 하네."

아이들과 함께 드라이브를 하는데 그 순간이 현실이 아니고 깨지 말아야 할 꿈처럼 아련했다. 내게 이런 시간이 주어지다니, 눈물이 날 것 같았다.

어느 날, 새벽 2시가 다 되어가는데 전화가 걸려왔다. MBC 방송국인데 빨리 들어오라는 전화였다. "무슨 일이신데요?" 하고 물어도 무조건 오라고만 했다. 진실이와 나는 허둥지둥 옷을 챙겨입고 달려갔다. 방송국에 도착해 보니 사극 연출자로 유명한 이병훈 국장님이 계셨다.

"최진실! 이리 와서 대사 좀 읽어봐."

드라마 〈한중록〉을 찍고 계셨는데, 갑작스럽게 진실이에게 배역을 하나 주시면서 해보라는 것이었다. 대사는 간단했지만 연기 경력이 별로 없는데다 처음으로 접하는 사극이라서 그런지 진실이는 많이 긴장하고 있었다. 하지만 좋은 기회였다.

"상감마마, 아니 되옵니다."

"더 크게! 목구멍에서 나오는 소리가 아니라 뱃속에서 나오는 소리로!"

"상감마마, 아니 되옵니다."

"그것밖에 못하나!"

"상감마마, 아니 되옵니다."

진실이는 날이 밝도록 이 대사를 수천 번도 넘게 연습했다. 곁에서 지켜보는 나도 식은땀이 줄줄 흘렀다. 배우는 역시 아무나 하는 게 아니라는 생각이 들었다.

거의 탈진상태가 되어서야 촬영이 끝났다. 다행히 무사히 촬영을 마쳤지만 진실이는 더 잘할 수 있었는데 하며 아쉬워했다.

"괜찮아, 다음에는 더 잘하겠지. 첫술에 배부른 사람이 어딨어."

"그렇지, 엄마?"

"그럼, 그만큼 한 것도 다행이야."

잠을 한숨도 못 잔데다 긴장해서 얼굴이 누렇게 뜬 진실이를 보고 있자니 애가 탔다. 우선 집에 가서 한숨 푹 자라고 했다. 내가 운전이라도 해줄 수 있으면 좋으련만, 엄마로서 미안한 마음이 들었다. 이 나이까지 운전면허 하나 못 따고 뭐 했을까, 속이 상했다.

방송이 나가자 곧 드라마 PD들에게 전화가 오기 시작했다. 조연을 맡은 지 얼마 되지 않아 주인공 역할이 들어왔다. 하루아침에 스타가 된다더니 그 말이 사실이었다.

"어머니, 진실 씨 스케줄 어떻게 되죠?"

사람들이 내게 진실이의 스케줄을 물어오기 시작했다. 그때부터 나도 하는 일 없이 바빠졌다. 촬영장 구석에 서서 하루종일 진실이가 촬영하는 모습을 지켜봤다. 촬영은 진실이가 하는데 옆에서 지켜보는 나도 덩달아 고단했다. 워낙 밤샘 작업을 자주 하다 보니 잠이 부족할 때가 많았다. 어떤 날은 졸음이 쏟아지는데도 촬영이 끝날 때까지 벌 서는 기분으로 서 있었다. 인기를 얻는 만큼 고생은 당연한 일, 세상에 공짜란 없는 법이다.

하루는 진실이가 분장실에서 분장을 하고 있는데 인상이 험악해 보이는 남자가 불쑥 나타났다. 머리카락은 외국 사람처럼 너풀너풀한 장발이었고 눈은 부리부리했다. 얼굴에는 칼자국도 있었다. 나는 진실이의 귀에 대고 "저 사람 쳐다보지 마"라고 속삭였다. 그때만 해도 선배 연기자들의 분장이 끝나기를 기다렸다가 차례가 와야 분장실에 들어가 준비를 할 수 있었다. 촬영이 시작되기까지는 밖에서 대기를 했는데 대체로 한두 시간씩 대기시간이 길어지곤 했다.

"안녕하세요, 배병수입니다."

그는 촬영을 기다리고 있을 때마다 어디선가 나타나 아는 척을 했다. 호감 가는 인상이 아니라 나는 대꾸를 하지 않았다. 행동거지도 마음에 들지 않았다. 대기실 의자에 앉아 있으면 의자를 툭툭 건드리곤 했다. 그러지 말라고 내가 주의를 주자 그제야 알았다며 웃어 보였다. 그러면서 커피도 사오고 샌드위치도 사왔다. 한 달이 지나고 두 달이 지나도 그의 행동은 한결같았다. 첫인상과는 다르게 서글서글한 면도 있었다.

"얼굴은 왜 그렇게 가리고 다녀요?"

"어머니, 제 얼굴에 큰 점이 있어요. 그거 가리려고요."

웃는 얼굴에 침 못 뱉는다고, 매일같이 얼굴을 보니 험악해 보이던 인상도 차츰 익숙해졌다. 행동이 거칠어 보이긴 해도 특별히 우리에게만 그러는 게 아니라 모두에게 그런 사람이었다.

하루는 집까지 찾아와서 매니저를 하게 해달라고 졸랐다.

"어머니, 저는요. 여자 연기자 한 명 유명하게 만들어서 기자들이 그 연기자하고 인터뷰 좀 하게 해달라며 매달리게 하는 게 소원이에요. 지금은 최민수 씨하고 독고영재 씨 매니저를 하고 있어요. 어머니, 저에게 기회 좀 주세요."

"우리는 매니저 그런 거 몰라요. 그냥 가세요."

그는 그동안 이런저런 서러움이 많았는지 내게 거의 매달리다시

피 했다. 집에도 여러 차례 찾아와서 진실이와 진영이에게 싫은 소리도 많이 들었다. 하지만 그는 우리를 끈질기게 설득했다. 2년 안에 최진실을 당대 톱스타로 만들어놓을 테니 기회를 달라며 간절히 부탁했다.

가만히 지켜보니 일은 정말 성실하게 했다. 그는 새벽에 일어나 무조건 방송사부터 돌았다. 2,000원짜리 백반으로 대충 점심을 해결하고는 충무로를 돌며 좋은 대본이 없는지, 새로운 소식이 없는지, 부지런히 정보를 모으고 다녔다. 그의 이런 점을 높이 사 그와 같이 일해보기로 했다. 그때만 해도 매니저라는 개념이 자리잡기 전이어서 매니저가 어떤 일을 하는 사람이냐고 묻는 연기자도 있었다. 우리는 곧 배병수 씨와 같이 일하기 시작했고, 그것은 결과적으로 괜찮은 선택이었다. 그는 일에서만큼은 철저할 정도로 완벽을 추구했고, 약속대로 진실이가 톱스타의 자리에 올라서는 데 많은 도움을 주었다.

그 무렵 진실이는 승승장구하고 있었다. 서서히 이미지 관리가 필요한 시점이기도 했다. 하지만 진실이는 그런 걸 잘 몰랐다. 대본을 고를 때는 며칠씩 고심하면서도, 어릴 때 '맹추'라는 별명으로 불렸듯이, 기자들이 뭘 물으면 숨김없이 다 말하곤 했다. 수제비만 먹을 만큼 가난했던 시절 이야기까지 고스란히 다 했다. 그래서 신데렐라 신드롬을 불러일으키기도 했다.

"넌 창피하지도 않니? 그런 이야기는 뭐 하러 해?"

"엄만 그게 뭐가 창피해? 누구나 어려울 때가 있는 거지."

"그래도 넌 여배운데 공주처럼 우아해 보이면 좋잖아."

"엄마, 그거 가식이야. 나는 원래의 내가 좋아."

진실이 말대로 가난하게 산 게 부끄러운 일은 아니었다. 나는 도둑질 빼고 안 해본 일이 없을 만큼 고생하며 두 아이를 키웠다.

"앞으로 엄마가 우리 키우느라 고생한 거 다 갚아줄게."

진실이는 나를 껴안고 응석 부리듯이 말했다. 700만 원짜리 전셋집이 소원이었는데 그보다 열 배나 큰 1억 원짜리 빌라로 옮겼으니 더 이상 바랄 게 없었다. 그런데도 더 잘해주겠다니, 나는 자다가도 "하느님, 감사합니다" 하며 기도를 했다. 세상에 나보다 더 든든한 딸을 둔 엄마는 없을 것 같았다.

통닭과 수제비

드라마 〈우리들의 천국〉에서 연기할 당시 진영이는 군 입대 영장을 받았다. 한참 인기가 오르고 있을 때여서 연기에 대한 아쉬움은 물론, 손발 맞추며 즐겁게 촬영하던 동료 연예인들과 헤어져야 하는 아쉬움도 매우 컸다. 당시 전도연 씨가 〈우리들의 천국〉에 출연했는데 진영이를 좋아하는 역할이었다. 진영이의 군 입대 때문에 전도연 씨와 헤어지는 장면이 방영되자 진실이는 이불 속에 들어가 서럽게 울었다.

"엄마, 진영이 군대 가면 우리는 어떻게 해?"

진영이가 입대하던 날까지 진실이는 틈만 나면 눈물을 흘렸다. 훈련소에 입소하고 나서도 열흘 내내 바깥 외출을 못할 정도로 눈물을 쏟았다. 유별나다 싶을 만큼 많이 울어, 나는 아들 군대 보낸 허전함을 느낄 사이도 없이 진실이 병간호부터 해야 했다. 열흘 동안 죽만

넘길 정도로 진실이는 동생을 떠나보낸 속앓이를 무던히도 했다. 그간 서로 많이 의지하며 살다 보니 동생의 빈자리가 더 크게 다가왔던 모양이었다. 진실이와 진영이는 서로에게 태산 같은 존재였다.

"그만 울어. 남들도 다 가는 거야."

첫 면회가 허락된 날 진실이는 초코파이랑 과자, 치킨을 잔뜩 사 들고 한달음에 달려갔다.

"일병, 최. 진. 영. 어머니께 인사드립니다!"

오랜만에 동생 얼굴을 본 진실이는 군기가 잔뜩 들어간 진영이의 목소리를 듣더니 깔깔 웃었다.

"진영아, 목소리가 왜 그래. 너무 이상해졌다."

그러고는 또 눈물을 펑펑 쏟기 시작했다. 진실이의 인기가 한창 치솟고 있던 때라 군대에도 최진실 동생 최진영이 입대했다고 소문이 파다하게 퍼진 모양이었다. 얼마 후 군에서 전화가 걸려왔다.

"어머니, 이번 주 토요일 진실 씨와 면회 오세요."

진실이와 나는 이런 전화를 받으면 촬영을 마치는 대로 빵, 과자 등을 박스에 잔뜩 넣고 부대로 향했다. 언젠가는 소대장이 밤에 비밀 면회를 허락한 게 들통이 나서 좌천을 당하기도 했다. 또 한번은 군대에서 전화가 와서 찾아갔더니 진영이를 따로 사무실로 불러 면회를 시켜주었는데, 이 일도 문제가 돼서 그 장교가 불명예 퇴직을 당했다. 그때만 해도 나도 진실이도 별 개념이 없어서 면회를 시켜준다고 하면 좋아서 무조건 달려갔다. 한 번이라도 더 진영이 얼굴을 보고 싶었던 것이다. 그분들은 진영이를 핑계 삼아 진실이 얼굴을 한번 보려고 했던 것 같다. 지금 생각해보니 군대에서 그렇게 몰래 면회를 시켜준다고 아무 생각없이 갔던 일로 여러 사람이 곤란한 상황에 처하게 된 일이 새삼 미안하기도 하다. 하지만 당시 우리는 그것도 모르고, 배우가 좋긴 좋구나, 사람들이 이렇게 따로 배려를 해주네 하며 좋아했다.

당시 〈우정의 무대〉라는 프로그램이 있었다. 군부대를 찾아다니며 병사들을 위로하는 프로그램이었는데, 진실이가 여러 차례 출연했다. 진실이는 군인들에게도 인기가 최고였다. 아무리 촬영 스케줄에 쫓겨도 진실이는 이 프로그램만큼은 꼭 나가고 싶어 했다.

어린 시절에도 진실이와 진영이는 정이 도타웠다. 하루는 일을 마치고 집으로 돌아오니 진실이가 수제비를 끓이고 있었다.

"와, 보기만 해도 군침이 돈다."

진영이가 수제비가 다 되기를 기다리며 입맛을 다셨다.

"우리 딸, 이제 다 컸네. 요리도 다 하고."

"엄만, 이게 무슨 요리라고."

중학생이 된 진실이가 소박하게나마 밥상을 차려주니 기특했다. 그날 저녁은 김치수제비 하나로도 푸짐했다. 대갓집 잔칫상이 부럽지 않다며 우리는 뚝딱 한 그릇씩 비웠다.

"진영아, 여기 더 있으니까 많이 먹어."

진실이가 진영이의 그릇에 수제비를 가득 퍼담았다. 둘은 뭐가 그리 좋은지 수제비 한 그릇을 앞에 놓고 '맛있다'를 연발하며 한참 동안 수다를 떨면서 즐거워했다. 그런 아이들의 모습을 지켜보자니, 갑자기 코끝이 찡해왔다. 한창 잘 먹을 나이에 밀가루 끼니가 뭐 그렇게 좋은 음식이라고 저렇게 맛나게들 먹을까, 가슴이 아팠다. 무능한 엄마여서 미안했다.

　가족을 돌보지 않는 남편 대신 밖에 나가 일을 하다 보니 아이들에게 세심하게 신경 쓸 틈이 없었다. 하루하루 아이들은 커가는데 남편은 전혀 생활에 보탬이 되지 않았다. 두 남매를 키우기 위해 나는 허드렛일도 마다하지 않고 아침부터 늦은 밤까지 일을 했다. 하지만 아무리 열심히 일을 해도 형편은 나아질 기미가 보이지 않았다. 매달 월세에 쫓기고, 빚에 쫓기고, 가끔씩 찾아와 돈을 내놓으라고 손을 내미는 남편의 행패에 불안한 날들이 계속되었다. 이런 와중에도 아이들은 쑥쑥 무가 크듯 하루가 다르게 자랐다. 없는 형편이라 고기 한 번 제대로 먹이지 못했는데 큰 병치레 없이 자라주는 아이들이 그저 고맙고 대견했다.

　진영이가 초등학교 4학년 때쯤 집에 손님이 왔는데, 그때 그분이 통닭을 한 마리 사오셨다. 우리 가족은 그날 처음으로 통닭, 그러니까 치킨이라는 걸 알게 됐다. 아이들과 둘러앉아 치킨 한 마리를 얼마나 맛있게 먹었는지, 지금도 그 기억이 생생하다.

　"와, 세상에 이렇게 맛있는 음식도 있었네. 왜 우리는 여태 이런 걸 못 먹어봤을까?"

진영이는 치킨을 몰랐던 게 억울해 죽겠다는 표정이었다. 한 입 크게 베어물며 너무 맛있다고 뼈다귀 하나 남기지 않고 오돌오돌 다 깨물어먹었다. 내 자식이 그렇게 맛있게 먹으니, 나는 먹지 않아도 배가 불렀다.

"엄마는 왜 안 먹어?"

"엄마는 속이 좀 거북해."

"에이, 거짓말. 엄마 거는 제일 큰 거."

진실이가 내게 크게 한 조각을 떼어 내밀었다.

"아니야, 엄마는 진짜 속이 거북해."

"엄마 안 먹으면 나도 안 먹을 거야."

진실이가 나를 빤히 쳐다보며 말했다. 나는 어쩔 수 없이 진실이가 내민 치킨을 받아들었다. 한 입 먹어보니 정말 맛있었다. 나도 진영이처럼 "이렇게 고소한 닭튀김이 다 있었네" 하며 웃었다. 진실이는 내가 먹는지 안 먹는지 확인하며 어린 새처럼 오물오물 치킨을 뜯어먹었다. 그날 포도주만 있었다면 마치 서양식 만찬처럼 더욱 근사한 저녁식사가 되었을 것이다.

군대에 면회를 간 어느 날엔 진영이가 통닭을 맛있게 먹는 모습을 보며 진실이는 옛날 생각이 떠오르는지 계속 눈물을 흘렸다.

"천천히 먹어. 누가 쫓아오니?"

어릴 적 진영이가 세상에서 제일 맛있다고 했던 치킨을
누가 사오기라도 하면 나는 목이 메어 먹지도 못하고 바라보게 된다.

"누나도 군대 와봐. 있을 때 잘 먹어둬야 된다구."

면회시간은 매번 눈 깜짝할 사이에 지나가 버렸다. 우리는 진영이가 잘 먹는 모습을 보며 안심을 하곤 했다.

지금도 군복 차림으로 환하게 뛰어오던 진영이의 모습이 어제 일처럼 선명하다. 군 생활을 해보니 엄마가 해준 밥이 얼마나 맛있는지 알겠다며, 그간 엄마 마음을 아프게 한 일이 많은 것 같아 죄송하다는 편지를 읽으며 '내 아들 다 컸구나' 하는 대견함에 가슴 벅찼었다.

유난히 사이좋은 남매였으니 저 먼 곳에서도 서로 의지하며 잘 지내고 있을 거라 생각한다. 하지만 어제도 나는 그 시절이 생각나서 잠 한숨 이루지 못했다. 아름답게 핀 목련만 봐도 하루에도 수십 번 가슴이 철렁 내려앉고 바람에 날리는 벚꽃잎만 봐도 눈물이 쏟아진다. 어릴 적 진영이가 세상에서 제일 맛있다고 했던 치킨을 누가 사오기라도 하면 목이 메어와 먹지도 못하고 바라만 보게 된다. 떠난 아이들이 야속하기도 하다. 이렇게 꽃이 가득 핀 봄밤이면 엄마를 두고 떠난 자식들이 더더욱 그립다.

세상에서 두 번째로 맛있는 냉면

몇 달째 얼굴을 보이지 않던 남편이 하루는 집으로 찾아와 큰 인심을 쓰듯 아이들을 데리고 냉면집으로 향했다.

"늬들 냉면 먹어봤어?"

"아니요. 그런데 들어보기는 했다. 그치, 누나?"

두 아이 모두 눈을 동그랗게 뜨고 남편을 보며 재잘거렸다.

"국수 먹어봤지? 국수보다 더 맛있는 게 냉면이야."

그날 우리 세 식구는 처음으로 평양냉면이라는 걸 먹었다. 치킨에 이어 두 번째로 누리는 호사였다. 그릇에 가득 담긴 냉면을 보고 진영이는 신기한 음식 바라보듯 눈을 반짝였다. 어릴 때부터 진영이는 새로운 것을 보면 눈이 반짝반짝 빛났다.

"와, 달걀도 있네."

남편은 언제나 딸 진실이만 챙겼다. 아들 진영이는 뒷전이었다. 그래서 부부싸움도 여러 차례 했다. 그럴수록 남편은 진영이를 더욱 미워했다. 그래도 아빠 앞에서 주눅 들지 않으려고 노력하는 진영이가 나는 늘 미더웠다.

"진영아, 달걀 하나 더 줄까?"

진영이는 괜찮다고 고개를 저으면서도 연신 냉면 그릇으로 젓가락을 넣었다. 접시 물에 코 박듯 냉면 그릇에 얼굴을 빠뜨린 채 눈 한 번 들지 않고 금세 먹어치웠다. 진실이도 어느새 한 그릇을 뚝딱 비우더니 감탄을 했다.

"어쩜 이렇게 맛있을까!"

그 전까지 나는 아이들을 데리고 치킨집이나 냉면집에 가는 건 부잣집 사람들이나 할 수 있는 일이라고 여겼다. 당장 월세 낼 돈도 없는 상황에 외식을 하는 건 무리였다. 하지만 두 아이가 냉면 한 그릇에 그토록 행복해하는 걸 보니 가슴 한쪽이 아려왔다. 남편이 한 달에 한 번이라도 아이들을 데리고 외식을 해주었으면 하는 마음이 간절했다.

진실이가 초등학교에 들어갔을 때 점심시간에 나오는 간식이 있었다. 얼마간의 돈을 내면 점심시간마다 아이들에게 빵을 하나씩 주었다. 하지만 진실이는 그 빵을 먹지 못했다. 내가 간식비를 주지 못했기 때문이다. 몇천 원쯤 하는, 많지도 않은 그 돈을 나는 줄 형편이 못 됐다. 진실이는 반에서 빵을 먹지 못하는 몇 안 되는 아이 중 하나였다.

하루는 빵이 너무 먹고 싶었는지 친구에게 떼를 써서 자기 도시락과 빵 절반을 맞바꿔왔다. 그렇게 먹고 싶었던 빵인데도 혼자 먹지 않고 가방에 꼭꼭 싸온 것이다.

"진영아, 누나 빵 있다!"

"빵?"

"응, 빵!"

진실이는 빵 한쪽을 뚝 잘라 진영이에게 건넸다. 진영이는 진실이가 준 빵을 잘도 먹었다. 콩 한 쪽이라도 나눠먹는 사이라더니, 진실이와 진영이를 두고 하는 말 같았다. 먹을 게 생기면 혼자 먹지 않고 진실이는 진영이 것을, 진영이는 진실이 것을 남겨왔다. 자주 싸우기도 했지만 언제 그랬냐는 듯 금세 붙어다니며 놀았다. 저녁에 일을 마치고 집으로 돌아와 아이들에게 "오늘 뭐 하고 놀았어?"라고 물으면 "개구리 잡고 놀았어"라고 대답했다.

"엄마, 오늘 개구리를 20마리나 잡았어. 그걸 누나랑 친구들하고 같이 구워먹었는데 정말 맛있었어."

"어디서 구워먹었는데?"

"논두렁에 앉아서 모닥불 피워놓고 꼬챙이에 꽂아 구워먹었지."

"그렇게 먹는 건 대체 어떻게 알았대? 집에서 너무 멀리까지 가서 놀지 마. 위험하니까."

"네!"

어릴 적 진실, 진영이는 매일같이
산으로 강으로 쏘다니며 냇가에 가서
피라미도 잡고 개구리도 잡으며 놀았다.

진실이와 진영이는 매일같이 산으로 들로 쏘다니며 노느라 흙투성이가 되어 돌아왔다. 웃으며 얼굴이 새까매져서는 뭐가 그렇게 좋은지 방실방실 웃으며 집으로 돌아오곤 했다. 한창 먹을 나이인데 변변한 간식거리 하나 만들어주지 못해서 안쓰럽기만 했다.

어릴 때도 마음에 드는 장난감 한번 가져보지 못한 아이들이었다. 저희끼리 폐지를 주어다가 딱지를 만들고, 버려진 구슬을 모아서 놀곤 했다. 친구들이 가지고 노는 장난감을 보면 부럽기도 했을 텐데 내게 뭘 사달라고 조르는 법이 없었다. 아무리 졸라봐야 엄마 호주머니에서는 나올 게 없다는 것을 알고 있기라도 했던 걸까. 그만큼 일찍부터 가난을 알고 철이 들어버린 아이들이었다. 진실이도 그랬지만, 진영이는 엄마가 고생한다는 걸 너무 잘 알고 있었다. 그래서 한 번도 뭐가 갖고 싶다거나, 뭘 하고 싶다는 말을 하지 않았다.

맹추 같은 진실이, 과묵한 진영이

진실이는 가끔 내 속을 썩였다. 일찍 집에 들어오기로 해놓고 친구들과 노느라 저물녘이 다 돼서도 돌아오지 않을 때가 꽤 있었다. 진실이는 어릴 때부터 주위에 유별나게 친구가 많았다. 한마디로 친구들에게 인기가 많았다. 그렇지만 매사에 똑부러진 아이는 아니었다. 오히려 맹한 구석이 많았다. 혼을 내도 화를 내도 웃기만 하는 아이였다. 어느 때는 그 모습이 얄미워 연탄집게라도 드는 시늉을 하면 저만치 도망가면서 깔깔거렸다.

"거기 안 서! 너, 엄마 말이 그렇게 우스워!"

진짜로 연탄집게를 들고 뒤쫓아가면 골목 모퉁이에 서서 뛰어오는 나를 보며 또 깔깔 웃었다.

"엄마 약 오르게 왜 웃어?"

"웃음이 나는 걸 어떻게 해."

"혼나면서도 웃어? 혼나는데 웃음이 나와? 맹추, 이 맹추야."

"엄마가 더 맹추다 뭐."

진실이는 매사에 잘 웃었다. 야단을 맞아도 웃고, 맛있는 걸 먹을 때도 웃고, 손바닥을 맞고도 금세 헤헤 웃었다. 안 좋은 일은 마음에 쌓아놓지 않았다. 내가 낳은 자식이지만 내 성품을 닮은 데가 별로 없었다. 나는 다행이라고 여겼다.

진실이가 밝고 명랑한 아이라면 진영이는 과묵한 편이었다. 등록금 낼 돈이 없어 전전긍긍하고 있으면 "엄마, 난 괜찮아. 누나부터 내라고 해" 하고 양보를 했다. 저도 학교 가면 선생님에게 불려가 꾸중을 들을 텐데 언제나 누나 걱정이 먼저였다.

그러나 한두 번도 아니고 매번 등록금을 제때 못 내니, 하루는 심하게 자존심이 상했던 모양이다. 학교에 간다고 나가서는 일주일이나 결석을 했다. 보다못해 1년 휴학하기로 하고 선생님을 찾아갔더니 고등학교 1학년이 무슨 휴학이냐며 돌아가라고 하셨다.

"선생님, 집안 사정이 너무 어려워서 그래요. 오죽하면 휴학계를 내러 왔겠어요."

"어머니 심정은 잘 압니다. 하지만 어떻게 해서든 고등학교는 마쳐야죠."

선생님 말씀이 백번 옳았다. 하지만 형편이 되지 못해 찾아간 나는 가슴이 무너지는 것 같았다. 쥐구멍이라도 있으면 들어가고 싶었다. 돈이 없어 내 자식 공부 잠시 중단시키겠다고 말하는 부모의 심정을 누가 알겠는가. 집으로 돌아오는데 발걸음이 천근만근 무거웠다. 진영이 얼굴을 어떻게 보나 걱정이 앞섰다. 등록금을 낼 때마다 창피를 당하게 하면서 억지로 학교에 가라고 할 수도 없는 노릇인데…….

"진영아, 휴학계는 안 된다니까 조금만 참고 기다려. 엄마가 꼭 등록금 마련해줄게."

진영이는 굳은 표정으로 말없이 내 말을 듣고 있었다. 며칠 뒤 진영이는 학비를 벌어오겠다는 쪽지를 남기고 집을 나갔다. 여기저기 수소문해봤지만 찾을 수가 없었다. 하루하루 애가 탔다.

"어머니, 진영이 왔어요!"

마당에서 진영이 친구 목소리가 들렸다. 황급히 방문을 열고 나가 보니 진영이가 친구 등에 업혀 있었다. 집을 나간 지 열흘쯤 되었을 때다.

"아니, 얘가 왜 이러니?"

"공장에서 일하다가 다쳤대요."

"대체 무슨 일을 하다가 이렇게 된 거야?"

"쇠 깎는 기계를 다루다가 그랬대요."

쇠 깎는 기계라니! 순간 하늘이 캄캄했다. 돈을 번다고 구로동에 있는 공장에 취직해 일을 하다가 변을 당한 것이었다. 하마터면 더 큰 사고가 날 수도 있었다고 한다. 다행히 무릎을 20여 바늘 꿰매는 것으로 끝났으니 하늘이 도왔다고들 했다. 식은땀을 흘리며 아픔을 참고 있는 진영이를 보니 가슴에 불이 일었다. 심장이 턱 막힌 것처럼 답답하고 울화가 치밀었다.

"누가 너더러 공장에 가서 돈 벌랬어? 이놈의 자식, 왜 이렇게 엄마 속을 썩여."

다쳐서 돌아온 동생을 본 진실이도 표정이 어두웠다. 그날 밤 나는 한숨도 자지 못했다. 자식 둘을 제대로 건사하지 못하는 내가 죄인이라는 자책감에 잠이 오지 않았다. 세상천지에 이렇게 무능한 엄마가 또 있을까. 걷잡을 수 없이 눈물이 쏟아지는데 아이들이 깰까 봐 소리내 울지도 못했다.

자라는 동안 여러 차례 함께 고비를 넘긴 탓인지 두 아이는 누구보다 정신적으로 서로를 의지했다. 그만큼 마음 깊이 교감을 나누는 사이였다. 아이들은 연예계 생활을 하면서도 서로를 잘 보살폈다. 두 아이는 가급적이면 내게 고민을 털어놓지 않고 저희끼리 해결하려고 했다. 아이들이 한창나이 때 먹고사는 일에 허덕이느라 따스한 엄마 역할 한번 제대로 못한 것이 항상 가슴에 가시로 박혀 있었는데 아이들은 이런 엄마를 오히려 배려해주었다.

"앞으로 엄만 좋은 옷, 좋은 음식, 좋은 것만 보고 살아요. 주위를 둘러봐도 엄마처럼 고생한 사람은 없는 것 같아. 사랑해, 엄마."

서른이 넘으면서 진실이는 부쩍 나를 챙겼다. 말 한마디도 예쁘게 하려고 했고 애정표현도 자주 했다. 자기가 서른이 넘어

" 엄마에겐,
난, 늘, 사랑하는 딸이라는 구절이 더 아파.
엄마,
사랑해……
나도 꼭 엄마 같은 엄마가 될 거야.

지금 많이 아프시죠?
그래서 마음도 아프시죠?
점점 빛을 잃어간다 걱정하시죠?
아니에요, 엄마!
엄마라는 존재로 아직도 얼마나 저를 환하게 밝혀주시는데요.
난 엄마를 바라보며, 어제도, 오늘도, 내일도
얼마나 든든하고 씩씩한지.
엄마……
엄마……
아직, 젊고, 예쁘세요! "

보니, 엄마도 여잔데 그때 참 힘들었겠구나, 혼자 자식 둘 키우는 게 정말 보통 일이 아니었겠구나, 이해가 되더라고 했다. 때때로 피곤하다고 짜증부린 일, 엄마 마음 몰라주고 화낸 일 등이 떠오르면 미안해진다고 했다. 힘든 시절 다 견디고 엄마로서 자식들 곁에 있어줘서 너무 고맙다고도 했다. 세월은 그냥 스쳐지나가는 게 아닌지, 10년 넘게 연기자로 살면서 이런저런 역할을 해내며 진실이도 인간으로, 여자로 성숙해갔다. 엄마로서 그 모습을 지켜보는 일이 뿌듯하고 대견했다.

진실이는 살갑게, 진영이는 과묵하게 나를 대했다. 그런 아이들이 하늘나라로 떠나고 난 뒤 단 하루도 두 아이를 잊은 적이 없다. 자식은 가슴에 묻는다더니 그 말이 맞았다. 길을 걷다가도 진실이와 진영이를 닮은 사람을 보면 가슴이 쿵 내려앉는다. 마치 내 자식이 살아 돌아온 것처럼 달려가 손이라도 한번 잡아보고 싶다. 비슷한 목소리만 들려도 가슴이 미어지고 잘 먹던 음식만 봐도 눈물이 난다. 그럴 때는 아무 길가에나 쭈그려앉아 넋나간 사람처럼 '못된 녀석들' 하며 욕도 하고 원망도 해본다. 그렇게 가려거든 엄마에게 그토록 아름다운 추억과 행복을 선물하지나 말지…… 엄만 가끔 너희가 참 밉다……

연탄광이라도 셋이 함께라면 행복해

하루는 일을 마치고 집에 갔더니 집주인이 방에 들어가지 못하도록 문에다 판자를 대고 못을 쾅쾅 박아놓았다. 월세가 몇 달 밀렸다지만 그래도 사람 사는 집인데 어떻게 이렇게 잔인할 수 있을까. 못 박힌 문 앞에서 잠시 망연자실했다. 결국 초라한 세간을 모두 꺼내 마당에 쌓아놓고 혹시 비라도 맞을까 비닐을 덮고 있는데 아이들이 학교에서 돌아왔다. 이 광경을 본 진실이는 금세 울 것 같은 표정이었고, 진영이는 어두운 얼굴로 뒤도 돌아보지 않고 나가더니 저만치 터벅터벅 걸어갔다.

"진영아, 어디 가니! 엄마가 할머니한테 살림살이 맡겨놓고 올 테니까 고모네 가 있어. 알았지?"

점점 멀어지는 진영이의 등에 대고 소리를 질렀지만 알았다는 대꾸 한마디 없이 진영이는 사라져버렸다. 하늘을 보니 날씨가 꾸물꾸

물한 게 곧 비가 쏟아질 것 같았다. 급한 마음에 트럭을 부르고 짐을 실었다.

"진실아, 진영이 데리고 고모네 가 있어. 엄마가 며칠 내로 돈 구해서 데리러 갈게."

전봇대 옆에 서서 말없이 눈물을 뚝뚝 흘리는 진실이를 보니 가슴에 구멍이 뚫린 듯 찬바람이 온몸을 훑고 지나갔다. 자존심이 많이 상했을 아이에게 무슨 말이라도 해야 했지만 도무지 입이 떨어지지 않았다.

새끼 둘도 제대로 건사하지 못하는 내 무능이 그렇게 싫을 수가 없었다. 하루하루 열심히 최선을 다해 살았지만 먹고사는 일은 늘 힘에 부쳤다. 소망이라면 세 식구가 한뎃 잠 자지 않고 굶지 않는 것이었다. 그것만 빌면서 살아왔다. 그러나 아이들이 다 크도록 변변한 방 한 칸 마련하지 못했다. 때 되면 가을 낙엽처럼 이리저리 휩쓸려다니는 처지가 한심했다. 하지만 아이들 앞에서 눈물만 흘리는 엄마가 될 수는 없었다. 나는 마음을 다잡았다.

"진실아, 어두워지기 전에 고모네 가 있어. 엄마 금방 다녀올게. 기사님, 대방동으로 가주세요."

진실이에게 몇 가지 당부를 한 뒤 트럭에 몸을 실었다. 점점 멀어져 가는 집을 보고 있자니 참았던 서러움이 꾸역꾸역 밀려왔다.

비록 열일곱 가구가 다닥다닥 세들어 사는, 공동 수돗가에 공동 화장실, 쪽방 한 칸에 손바닥만 한 부엌이 고작인 집이라도 우리 세 식구에게는 없어서는 안 될 소중한 보금자리였다. 그러나 이제 이곳에서마저 쫓겨났다. 막막했다. 당장 우리 세 식구가 갈 곳은 없었다.

당시 친정어머니는 재혼을 해서 대방동에 살고 계셨다. 이미 오래전 재혼을 해서 아이 둘을 낳고 그런대로 화목한 가정을 꾸리고 사셨다. 이복동생은 소설가가 되었는데, 성장기에 여동생은 집안의 내력을 몹시 부끄러워했다. 내가 가끔 친정이라고 가도 말 한 마디 섞지 않았다. 안부도 묻기 어려울 만큼 차가워서 내게는 언제나 어려운 동생이었다. 한 어머니에게 태어났어도 아버지가 다르고 함께 산 적도 없으니 얼굴을 봐도 데면데면할 수밖에 없었다. 그러니 가족이라 해도 쉽사리 찾아가 몸을 의탁할 처지가 아니었다.

이런 상황에서 친정어머니를 찾아가는 건 어리석은 짓이었다. 하지만 벼랑 끝에 몰리고 보니 찬밥 신세가 되더라도 가야 했다. 그래도 이 와중에 의지할 대상은 어머니밖에 없었다. 그러나 갑자기 의붓아버지와 이복동생들이 사는 집에 들이닥칠 수는 없는 노릇이어서, 트럭을 세워 길 한쪽에 짐을 부려놓고 어머니가 오시기만을 기다렸다.

시장에서 돌아오는 길에 내 모습을 발견한 어머니는 몹시 난감한 얼굴로 혀를 차셨다.

"또 쫓겨난 거냐? 대체 왜 이렇게 사니? 그렇게 말리는 결혼을 억지로 하더니……."

입이 열 개라도 할 말이 없었다. 처음 진실이 아빠를 본 어머니는 평생 속 썩고 살 것 같으니 결혼하지 말라고 몇 차례나 말리셨다.

　눈이 퉁퉁 부은 내 초라한 몰골을 본 어머니는, 거기 그렇게 서 있지 말고 다른 식구들 보기 전에 우선 연탄광에 짐을 가져다놓으라고 하셨다. 어머니가 살고 있는 연립주택 지하에는 각 가구 당 하나씩 연탄광이 있었다. 그곳에 짐을 부리고 나니 허기가 졌다. 허기가 지니 자식들 생각이 났다. 애들은 저녁밥이라도 먹었을까. 내 배 고픈 게 문제가 아니라 아이들이 걱정되어 견딜 수가 없었다. 나는 연탄광을 나와 노량진 쪽으로 걷기 시작했다. 차비도 없었으니 무작정 걷는 수밖에 없었다. 하루종일 굶어 기운이 하나도 없었지만 정신만은 또렷했다. 한강대교를 건너는데 저 멀리 도시의 불빛이 휘황했다.

　'저렇게 많은 집이 있어도 우리 세 식구 들어가 살 집은 없구나…….' 불빛을 바라보며 또 가슴이 무너져내렸다. 세상은 아무 일 없다는 듯 태평한데 내 속은 시커멓게 타들어가고 있었다. 세상이 나를 향해, 내 새끼들을 향해 벽을 쌓는 것 같았다. 앞으로 살아갈 날이 막막하고 무서웠다. 나는 작정한 사람처럼 다리 난간으로 다가갔다. '죽자. 이렇게 비참하게 사느니 깨끗이 죽자.' 그렇게 죽을 결심을 했지만 막상 검은 강물을 보니 마음이 흔들렸다. 밤바람은 매서웠고 기력은 떨어져 몹시 고단했다. 울던 진실이 얼굴도 스쳐가고 마음에 상처를 입고 돌아서던 진영이의 뒷모습도 떠올랐다. '내가 미쳤지. 엄마가 돼서 늬들 놔두고 이러면 안 되지. 굶더라도 같이 굶어야지.' 나는 아이들의 얼굴을 떠올리며 주저앉아 펑펑 소리내 울었다.

그렇게 울고 나니 속이 좀 트이는 듯 개운했다. '돌멩이 하나라도 집을 기력이 있으면 살자. 어떻게 해서든 살자.' 나는 나를 다독이며 다시 일어섰고 발길을 돌려 걷기 시작했다. 아이들의 안부가 걱정되어 발걸음은 저절로 빨라졌다.

막상 고모네 집 앞까지 가니 밤이 너무 깊어 문을 두드릴 수 없었다. 다들 잠에 푹 빠져 있을 시간이었다. 다시 터벅터벅 되돌아나오는데 눈앞에 3층짜리 신축 건물이 보였다. 건물 입구를 살피니 지하로 내려가는 계단이 있었다. 우선 밤바람이라도 피하자 싶어 그곳에 내려가 자리를 잡았다. 동이 틀 때까지 꼬박 꿈쩍 않고 그곳에 앉아 밤을 지새웠다. 빈속이라 기운도 없는데 눈물은 어쩌자고 그렇게 하염없이 흐르는지……. 시간이 좀 지나자 몸이 으슬으슬 떨리더니 몸살기가 느껴졌다. 뜨끈뜨끈한 아랫목 오른쪽엔 진실이를, 왼쪽에는 진영이를 눕히고 세 식구가 오순도순 맘 편히 한숨 푹 자고 싶었다.

아침 일찍 서둘러 아이들을 찾으러 갔다. 그러나 진실이와 진영이는 어디에도 보이지 않았다. 고모네 가지 않고 다른 곳으로 간 것이었다. 동네 친구들에게 수소문하니, 진실이는 친구네 집에 있었고 진영이는 행방을 알 수 없었다. 그렇게 아이들을 찾아 발을 동동 구르다가 3일 만에 아이들을 만났다. 나는 두 아이를 데리고 대방동 어머니 집으로 갔다. 우선 시장에 가서 스티로폼 판지를 두 장 샀다. 아이들은 스티로폼을 한 장씩 들고 내 뒤를 따랐다. 나는 먼저 두 아이를 이끌고 지하 연탄광으로 내려갔다.

"얘들아, 당분간 여기가 우리 집이야. 여기서 세 식구 흩어지지 말고 똘똘 뭉쳐서 같이 있자. 굶어도 같이 굶고 먹어도 같이 먹고. 알았지? 엄마 마음 알지?"

진실이는 뭐가 좋다고 웃으면서 넙죽 대답도 잘했다.

"응, 나는 괜찮아. 엄마랑 진영이랑 같이 있으면 다 괜찮아."

진영이가 스티로폼을 바닥에 내려놓았다. 그 위에 비닐장판을 깔고 그 위에 또 이불을 깔고 다 함께 누웠다. 비록 연탄광에 누웠지만 그 순간만큼은 뭔가 꽉 찬 것처럼 행복했다. 나는 아이들을 힘껏 안아주었다. 3일 동안 행방을 몰라 애를 태우다가 만난 두 아이 모두 건강하게 돌아와 내 품에 안겨 있으니 그렇게 기쁘고 좋을 수가 없었다. 진실이는 오른쪽, 진영이는 왼쪽에서 나를 꼭 안고 누웠다.

"엄만 이렇게 너희와 함께 있기만 해도 행복해."

"나두."

진실이가 또 까르르 웃으며 말했다. 진영이도 질세라 큰 소리로 외쳤다.

"나두!"

지금 생각해보면 사방에 거미줄이 쳐 있고 벽과 바닥에서 눅눅한 습기가 올라오는 지하 연탄광이 뭐가 좋다고 바보처럼 웃었는지 모르겠다. 그래도 그날 밤만큼은 어느 집 고대광실이 부럽지 않았다. 아이들이 무사해서 다행이라고, 이 아이들을 지켜주셔서 감사하다고 하늘을 향해 기도하며 잠이 들었다.

　아이들과 연탄광에서 생활한 지 일주일이 흘렀다. 그사이 어머니가 다른 가족들 몰래 식빵과 우유를 사들고 내려오셨다. 그거라도 셋이서 나눠먹으라는 것이었다. 하루이틀도 아니고 벌써 며칠째 폐를 끼치고 있으니 면목이 없었다. 우리 때문에 다른 가족들과 관계가 틀어지는 건 아닐까 전전긍긍 노파심이 일었다. 하루라도 빨리 다른 곳으로 옮겨가고 싶었다. 물 한 잔이 아쉽고 화장실이 급해도 더 이상 어머니에게 신세를 지고 싶지 않았다. 씻는 일은 근처 은행 화장실에서 대충 해결했고, 하루 한 끼 근근이 먹으면서 일주일을 버텼다. 나도 그렇지만 애들 고생이 이만저만이 아니었다.

　하루는 어머니가 내려오시더니 내 손을 붙잡고 우셨다.

　"자식 중 네가 제일 잘될 줄 알았는데 왜 이리 어미 속을 썩이는 게냐."

　어머니는 어디 가서 죽이라도 먹고, 국수라도 삶아 애들 건사하며 살라고 50만 원을 손에 쥐어주셨다. 비싼 이자를 주고 얻어온 돈이라고 했다. 차마 받을 수 없는 돈이었지만 어쩔 수 없는 상황이었다. 나는 그 돈으로 응암동에 월셋방을 구했다.

　"애들아, 집 구했으니 이제 여기서 안 자도 돼."

진실이와 진영이는 갑자기 돈이 어디서 생겼는지 궁금한 표정이었다.

　　"외할머니가 주셨어."

　　진실이가 속상해하는 내 얼굴을 보며 철든 소리를 했다.

　　"엄마, 나중에 우리 외할머니한테 잘하자. 내가 잘할게, 엄마."

　　우리는 또 새로운 곳으로 이사를 갔다. 이리저리 옮겨다니느라 세간은 더 초라해졌지만 세 식구가 떨어져 살지 않아도 된다는 안도감에 마음은 편안했다. 아이들은 어떤 상황에서도 잘 웃어주었다. 가난했지만 아이들의 웃음이 내게는 가장 큰 재산이었다.

눅눅하고 차가운 연탄광이었지만
아이들과 함께 있는 그 순간만큼은 말할 수 없이 행복했다.

난, 이제 가수다!

진영이는 결국 학교를 제대로 다니지 못했다. 아침에 눈을 뜨면 충무로로 달려가 학생복 모델을 했다. 거기서 다만 얼마라도 돈을 벌면 차비며 용돈을 빼고 꼬박꼬박 내게 가져다주었다.

"엄마, 월세 낼 때 됐죠?"

"아직 며칠 남았어."

몇 차례 살던 집에서 쫓겨난 뒤 진영이는 월세 낼 때가 다가오면 걱정이 되는 모양이었다. 작은 돈이었지만 월세 내는 데 보태라고 돈을 내밀곤 했다. 나는 아들이 주는 돈이 너무 소중해서 쓰기 아까웠지만 아껴가며 살림에 보탰다.

내가 죽겠다는 마음으로 한강을 서성이던 날, 아이들도 큰 절망에 빠져 있었다. 세 식구가 연탄광에 누워 도란도란 이야기를 나누는데 진영이가 이런 말을 했다.

"엄마, 나 사실 3일 동안 밥을 한 끼도 못 먹었어. 호주머니를 뒤지니까 딱 1,000원이 나오는 거야. 그래서 그걸로 삼립빵하고 우유 하나 사서 먹는데 눈물이 막 나는 거야. 사내자식은 우는 거 아니라고 하지만 그래도 눈물을 뚝뚝 흘리면서 빵을 먹는데…… 살겠다고 빵을 먹는 마음이 너무 복잡한 거야. 엄마 아빠가 원망스럽고, 나는 이제 가족이고 뭐고 없다 그랬어. 그런데 이렇게 엄마랑 누나 만나서 같이 있으니까 참 좋다."

진영이 말을 듣는데 눈물이 볼을 타고 주르륵 흘러내렸다.

"엄마가 미안해."

"아냐, 엄마. 엄마보고 미안하라고 이런 말 하는 거 아냐. 이제 다시는 그런 맘 안 먹겠다고…… 엄마한테 약속하는 거야."

진영이 말을 듣고 진실이도 자기 이야기를 꺼냈다.

"나도 그날 엄마랑 헤어지면서 추리닝만 가방에 챙겼잖아. 그거 들고 지영이네로 가는데, 정말 우리가 이렇게 살아서 뭐 하나 그런 생각이 드는 거야. 그래서 약방에 가서 '쥐약 좀 주세요' 그랬더니 약사 선생님이 날 가만히 보시는 거야. 그리고 좁쌀같이 생긴 걸 주셨어. 지영이네 가면서 그걸 조금씩 조금씩 먹었어. 자고 나면 아침이면 죽어 있겠지 하면서. 지영이네 집까지 가니까 어느새 그걸 다 먹었더라고. 그런데 아침에 일어나니 배가 너무 아픈 거야. 쥐약을 먹었으니까 분명히 죽어 있어야 하는데 안 죽고 말야. 배가 너무 아파서 설사만 무지 했어. 그 약사 선생님이 나 딴 약 줬나 봐. 그치 엄마?"

진실이 이야기를 들으면서 나는 목구멍이 꽉 막혔다.

"설사약은 왜 먹고 그래……."

진실이는 또 뭐가 좋은지 헤헤 웃었다.

"엄마도 너무 슬퍼서 죽으려고 한강 갔었어. 하지만 너희들이 눈에 밟혀서 못 죽었어. 그러니까 앞으로는 절대 그런 맘 먹지 말고 열심히 살자. 이렇게 함께 있으니까 좋잖아."

아이들은 내 말에 고개를 끄덕였다. 셋이 다 죽자고 마음먹었었으니 이번에는 살자고 굳게 마음먹고 살아보자고, 언젠가는 남들처럼 세 끼 밥걱정 안 하고 살아지지 않겠냐고, 그러면서 우리는 웃었다.

진실이 친구 지영이 어머니는 우리 식구에게 매우 고마운 분이다. 살면서 그만큼 마음 고운 분을 보지 못했다. 우리 형편을 알고 겨울이면 들통에 하나 가득 김장김치를 담아서 가져다주셨다. 소풍 갈 때면 지영이 용돈 주면서 진실이 용돈도 챙겨주시고 도시락도 같이 싸주셨다. 무엇보다 사람에 대한 인정이 있으셨다. 경제적으로 너무 어렵던 시절, 진실이에게 따뜻하게 대해주신 걸 지금도 가슴 깊이 감사하고 있다.

용돈벌이 삼아 학생복 모델을 하던 아이들은 어느새 배우가 되겠다는 꿈을 꾸고 있었다. 하루는 KBS 연기자 모집에 응모했는데 둘 다 합격이 되었다고 집으로 통지서가 날아왔다. 그런데 6개월 과정 연수비가 필요하다고 적혀 있었다. 38만 원 정도였던 것 같다.

진영이는 학생복 모델 일을 하며 번 돈으로
월세도 보태서 내고 생활비도 하라며 조용히 건네주곤 했다.

"이렇게 큰돈이 어딨어. 그냥 다음 기회에 하자."

내 말에 두 아이는 약간 풀이 죽더니 바로 알았다며 고개를 끄덕였다. 그러고는 또 저희들끼리 신나서 재잘거렸다.

"우리가 특별히 키가 크기를 해, 예쁘기를 해. 예쁘고 똑똑하고 돈도 많은 사람이 얼마나 많은데. 탤런트 꿈 같은 건 꾸지도 말고 회사 취직하고 시집장가 가서 잘살면 되지 뭐."

둘 다 말은 이렇게 했어도 잠재의식 속에 항상 배우에 대한 열망이 있었던 것 같다. 어릴 때부터 라디오 연속극을 들으면서 둘이 주거니받거니 대사 연습을 하며 놀았다. 진영이는 목청 좋은 제 아버지를 닮아 제법 노래를 잘 불렀다. 유명 가수들 노래를 곧잘 그럴싸하게 따라했다. 목소리도 약간 허스키해서 매력이 있다는 소리를 들었다. 진실이는 어릴 때부터 그림을 잘 그렸다. 그림솜씨가 뛰어나 주위에서 화가가 되어도 좋겠다는 칭찬을 들었다. 신문사에서 주최하는 미술대회나 학교 그림대회에 나가면 상을 받아오곤 했다. 하지만 노래는 잘 못 불렀다. 진실이는 가끔 노래 못 부르는 걸 속상해 했다.

"난 엄마 닮았나 봐. 노래를 잘하면 얼마나 좋을까."

진실이 말대로 나는 노래에 소질이 없었다. 사실 노래를 잘하는지 못하는지 제대로 알 기회조차 없었다. 이 나이까지 나는 노래방엘 가본 적이 없다. 젊을 때부터 술 마시고 노래하며 노는 일은 도통 내 성격에 맞지 않았다. 야유회를 가더라도 남들 노래 부를 때 같이 따라하거나 옆에서 박수를 쳐주는 정도였다.

진실이는 연기자다 보니 〈우정의 무대〉 같은 프로그램에 나가 노래를 불러야 할 때가 있었는데, 자신없다며 쑥스러워 했다. 그러면서 엄마 닮아 그렇다고 타박을 했다. 진영이가 가수가 되고 대중의 사랑을 받게 되었을 때 진실이는 펄쩍펄쩍 뛰며 좋아했다.

"진영아, 너 정말 멋지다!"

진실이는 자신이 잘 못하는 노래를 동생이 잘한다는 걸 무척 대견하게 생각했다. 비슷한 시기에 연기자가 되었지만 진영이는 누나의 그늘에 어느 정도 가려져 있었다. 진영이도 연기활동에 매진해 〈산산이 부서진 이름이여〉, 〈스무 살까지만 살고 싶어요〉, 〈행복은 성적순이 아니잖아요〉 등의 영화에 출연했다. 하지만 누나만큼은 인정을 받지 못했다. 그러면서 몇 번씩 슬럼프를 겪기도 했다. 그러나 진영이는 누나의 인기를 조금도 질투하지 않았다. 진영이는 늘 누나를 자랑스러워했다.

"엄마, 오늘 아침 신문 보니까 누나가 서울에 사는 대학생들이 결혼하고 싶어하는 여자 1위에 뽑혔대. 와, 우리 누나 대단하다. 누나가 이렇게 인기가 많구나."

진영이가 진실이를 치켜세우면 진실이는 입이 함박만큼 벌어졌다. 그럴 때 보면 꼭 코흘리개 어린애들 같았다.

진실이는 이 무렵 최정상을 달리고 있었다. 〈질투〉, 〈별은 내 가슴에〉 등 출연하는 드라마마다 흥행에 성공했다. 이에 반해 진영이는 흥행 성적이 별로 좋지 못했다. 진실이는 진영이가 말은 하지 않아도 저 혼자 고민이 많을 거라고 생각하고 어떻게든 진영이의 기를 살려주려고 애썼다. 진영이가 출연하는 작품을 꼼꼼하게 모니터링해주고 진영이 몰래 지갑에 몇십만 원씩 용돈을 넣어주었다. 그러던 중 진영이에게 목소리가 좋으니 가수를 해보면 어떻겠냐는 제안이 들어왔다.

"가수요?"

"허스키한 목소리가 강점이 될 수 있을 것 같은데."

진영이는 가수가 되기로 결심한 날부터 하루도 쉬지 않고 연습을 했다.

"난 노래 부를 때가 정말 좋아. 내 몸이 자유로워지는 것 같아."

그렇게 노력을 하더니 드디어 SKY라는 예명으로 가수가 되었다. 결과는 요즘 젊은 사람들 말로 '대박'이었다. 진영이의 노래가 크게 히트를 치면서 소녀 팬들이 집 앞을 에워싸기 시작했다.

"최진영! 최진영!"

이번에는 방송국에서 진영이를 찾기 시작했다. 끊임없이 스케줄이 밀려들어오고 가요 차트에서 SKY의 노래가 1위를 하는 등 승승장구했다. 진영이가 인생에서 처음 밟아보는 정상이었다. 아무리 고돼도 진영이는 웃었다. 노래 부르는 순간이 너무 황홀하다고 했다. 무대에 오르기 전에는 긴장이 돼도 막상 무대에 올라 노래를 부를 때는 자신을 향해 쏟아지는 스포트라이트 불빛이 따뜻하게 느껴진다고 했다.

"누나, 사람들이 내 노래를 같이 불러줄 때는 소름이 돋아. 온몸에 전율이 일고 심장이 터질 것처럼 감동스러워."

진실이는 촬영을 위해 차를 타고 갈 때면 언제나 진영이의 노래를 들었다. 진영이와 저녁식사를 하게 되면 그동안 모니터링한 내용을 꼼꼼하게 전해주었다. 노래는 물론 의상까지 세심하게 체크하는 등 여러모로 동생을 응원했다. 지방 촬영이 잡혀도 매일 통화를 하며 밥은 꼭 챙겨먹으라는 당부를 빼놓지 않고 했다.

어느 날부턴가 라디오와 TV에서 SKY의 〈영원〉이란 노래가 자주 흘러나왔을 때 각고의 노력 끝에 정상에 선 진영이도 황홀했겠지만 엄마인 나도 못지않게 황홀했다. 마치 내 꿈을 아들이 대신 이뤄준 것처럼 감격스러웠다. 나는 지금도 진영이의 앨범을 세상에서 가장 큰 보물로 여기고 있다.

'진영아, 너는 엄마에게 정말 멋진 아들이었어.'

기타를 치며 노래를 불러주던 진영이의 목소리가 지금도 귓가에 생생하다. 그런 밤이면 진실이와 나는 와인잔을 앞에 두고 앉아 진영이 노래에 귀를 기울였다. 그때 진영이의 표정은 더없는 기쁨으로 충만했다.

어머니는 집에서
돈만 세시면 돼요

아이들이 스타가 되면서 내 인생에도 적지 않은 변화가 생겼다. 살면서 꿈도 꿔보지 못한 일이 현실이 되면서 무엇보다 돈걱정에서 벗어나게 되었다. 늘 내 어깨를 무겁게 내리누르던 경제적인 문제가 해결되니 숨통이 트이는 것 같았다. 꿈인지 생시인지 분간이 잘 안 가 자다가도 꿈이면 어떻게 하나, 꿈이라면 제발 깨지 않게 해달라고 빌었다.

집에 찾아오셨던 박경삼 감독님 말처럼 집에서 돈만 세도 되는 날들이 찾아왔다. 가만히 되돌아보면 그분이 당시 무엇을 보고 우리 가족의 앞날을 훤히 내다보는 말씀을 하셨는지 궁금하다. 찢어지게 가난하다는 표현이 맞을 만큼 힘든 처지에 놓여 있던 소녀에게서 어떻게 그리 큰 가능성을 발견하셨던 건지, 지금 생각해도 놀랍고 고마운 분이다.

진실이가 CF로 뜨고 나자 한동안 정신을 못 차릴 정도로 돈이 들어왔다. 1,000만 원, 3,000만 원, 7,000만 원…… 한 장 한 장 돈을 세다가 얼마를 세었는지 잊어버려 다시 셈을 시작하곤 했다. 하루종일 센 돈을 은행에 예금하고 나면 그날은 밥을 먹지 않아도 저절로 배가 불렀다.

"엄마는 진짜 하루종일 돈만 세네."

배가 고프다며 방문을 연 진실이가 또 돈을 세고 있는 내 모습을 보며 신기하다는 듯이 말했다. 간단한 계산도 잘 못하는 내가 방에 들어앉아 셈을 하려니 그것도 큰 일이었다. 진실이는 돈이 들어와도 별로 관심이 없었다. 오로지 그 돈을 엄마 가져다주는 재미에 푹 빠져 지냈다. 용돈을 주면 내가 돈 쓸 일이 어딨냐며 괜찮다고 했다. 재테크를 할 줄 몰라 돈이 모이면 모이는 대로 바로바로 은행에 가져다넣었다.

얼마 후 제법 큰돈이 모아졌다. 융자를 끼면 그런대로 괜찮은 건물을 살 수 있을 정도였다. 강남에 건물을 사서 이사하던 날, 진실이는 처음으로 전셋집을 얻어가던 날처럼 내게 물었다.

"엄마, 행복해?"

"그럼, 너희들 덕분에 엄마가 이런 호사를 누리는걸. 살다 보니 이런 날도 있구나."

"그치 엄마? 우리가 건물을 다 갖게 되고, 나도 너무 신기해."

그날 밤 세 식구가 모여앉아 파티를 열었다. 건물을 마련했으니 이제 더 이상의 욕심은 없다고 아이들은 말했다. 앞으론 돈에 연연하지 않고 연기에 집중해서 좋은 연기자로 남고 싶다고 했다.

"그래, 늬들은 연기에만 전념해. 엄만 한 푼이라도 근검절약할게."

아이들도 나도 돈을 쓸 줄 몰랐다. 남들처럼 돈을 불리는 재주도 없었다. 들어오는 돈을 꼬박꼬박 통장에 넣는 것 외에는 달리 할 줄 아는 게 없어서, 아이들이 가져다주는 수입 외에는 다른 부수입이 없었다. 그래도 그만큼 돈을 모아 건물까지 마련했으니 가슴이 벅찼다. 남의 집 계단 밑에 쪼그려앉아 밤새 울던 일이 엊그제 같은데 이제 번듯한 건물을 갖게 된 것이다.

어느 날 전화벨이 울려 받았더니 진실이 아빠였다. 그동안 전화 한 통 없던 사람이 아이들이 스타가 되자 전화를 걸어왔다. 긴히 할 이야기가 있으니 따로 밖에서 만나자고 했다. 직감적으로 돈 얘기라는 생각이 들었다.

애들 아빠의 전화를 받고 나는 처음으로 내게 거금을 투자하기로 했다. 먼저 명동 미도파백화점에 가서 세무로 된 까만색 부츠를 샀다. 거기서 제일 비싸고 예쁜 부츠였다. 빨간 미니스커트에 까만색 재킷도 사고 캐시미어코트까지 사 입었다. 그리고 미장원에 가서 화장을 하고 머리도 손질했다. 단장을 모두 마치고 나니 거울 속의 내 모습은 내가 알고 있던 내가 아니었다. 전혀 다른 여자가 거기 서 있었다. 드라마에서나 볼 수 있는 일이 마술처럼 내 앞에 펼쳐진 순간이었다. 꾸민 모습으로 밖에 나가니 아는 배우의 엄마가 누가 탤런트인지 모르겠다며 몰라보게 예뻐졌다고 칭찬을 했다.

남편과 만나기로 한 장소는 연신내 근처 커피숍이었다. 약속시간에 맞춰 갔더니 진실이 아빠가 먼저 와 있었다. 커피숍에 들어서는 내 모습을 보더니 흠칫 놀라는 표정이었다.

"이렇게 차려입으니 모르는 사람 같네!"

그는 능청을 떨며 말을 건넸다.

"간단히 용건만 말하세요."

"신발 멋있는데! 나도 이런 거 하나 사주지!"

그의 말에 대꾸조차 하기 싫었다. 더 이상 마주앉아 있기도 싫어 가방에 넣어간 빳빳한 지폐 1,000만 원 뭉치를 꺼내 탁자 위에 탁 소리나게 내려놓았다. 그는 돈을 세어본 뒤 이런저런 말을 두서없이 늘어놓았다. 그러더니 내 눈을 바라보며 한마디 했다.

"여보, 사랑해."

갑자기 기가 턱 막혔다. 그에게 평생 처음 들어본 사랑한다는 말이었다. 그 말을 듣는 순간 온몸에 소름이 돋았다.

"나는 안 사랑해요."

남편과의 인연 속에서 가장 통쾌한 순간이었다. 가슴에 쌓인 응어리가 그때만큼은 뻥 뚫리는 것 같았다. 아침 드라마에서나 볼 수 있을 것 같은 짜릿한 복수극이었다.

뒤도 안 돌아보고 커피숍 문을 열고 나오는데 속이 다 시원했다.

그 사람과 결혼하고 겪은 서러운 일들이 주마등처럼 스쳐갔다. 비오는 날 진실이를 업고 콩나물을 사러 시장에 갔더니 남편이 어떤 여자를 끌어안고 걸어가고 있었다. 그 모습을 보고 놀라 서 있는데 어느 결에 남편의 발이 내 얼굴로 날아들었다. 남편에게서 받은 마음의 상처는 어느새 웅덩이를 이루고 있었다. 내 모습을 보며 아이들은 아이들대로 마음에 응어리가 졌다.

"엄마, 나중에 꼭 호강시켜줄게."

진영이는 제 아빠의 행동을 몹시 부끄러워하고 미안해했다. 나는 아이들 때문에라도 밤도망을 가지 못했다. 나도 이제 다른 삶을 살아야지, 언제까지 이러고 살아야 되나 싶다가도 두 아이가 떠올라 차마 발길이 떨어지지 않았다. 어떻게 해서라도 내 자식들만은 끌어안고 살아야 했기에 여자로서의 자존심은 다 버렸다.

언제부터인가 진실이는 "나는 엄마의 모습이 다 좋은데 딱 한 가지 싫은 게 있어"라고 했다. "그게 뭔데?" 하고 물으면 "엄마의 일편단심"이라고 말했다.

진실이 말대로 나는 고리타분한 옛날 여자였다. 내 나이쯤 되는 대부분의 여자들이 그렇듯이 나도 남편과 자식이 제일이라 여기고 살았다. 그렇게 사는 것이 옳은 길이라고 믿었다. 바보처럼 미련하게 다른 곳은 쳐다보지도 않고 살았다.

그렇게 숙명처럼 내 힘든 삶을 받아들이며 살았다 해도 남편의

결혼 후 한량임을 알게 됐지만 그래도
진실, 진영이 아빠와 행복했던 시간도 있었다.

냉대에 대한 억울함과 아픔이 왜 없었을까. 처음으로 진실이 아빠 앞에서 큰소리를 치던 날, 나는 그날의 소심한 복수만으로도 막혔던 가슴이 뚫리는 듯 통쾌했다.

살면서 한 번도 남편 앞에서 강자의 입장이 돼본 적이 없었다. 구박을 하면 구박을 당했고 억울한 일을 당해도 제대로 하소연조차 할 수 없었다. 사람을 왜 이렇게 비참하게 만드느냐고 혼잣말이라도 하면 주먹부터 날아왔다. 그럴 때마다 두 아이마저 맞을까 봐 혼자 끙끙 앓으며 삭였다. 그 시절에는 나처럼 사는 여자가 숱하게 많았다. 남자들은 밖에서 화나는 일이 생기면 집에서 풀었다. 바람을 피우는 것도 당연하게 여겼다. 억울하고 속상해도 혼자 속앓이를 하는 것이 전부인 여자들이 몇 집 건너 있을 만큼 많았다. 아내로서의 정당한 대우를 받기는커녕 그처럼 말도 안 되는 취급을 받으며 사는 경우가 다반사였다.

뭐 하나 풍요로울 것 없는 빈곤한 시대를 살다 보니 너나없이 불행한 사연이 많았다. 특히 여자들의 삶은 너무도 고되었다. 내 어머니 역시 그랬고 나 또한 그랬다. 남편에게 맞으면서도 제대로 대응 한번 못하던 나는 분하고 힘들 때마다 '어디 늙어서 봅시다'라고 다짐하며 속으로 화를 삭이곤 했다.

"오늘 늬들 아빠 만나서 큰소리 탕탕 치고 왔어."
"엄마, 잘했어요."

진영이는 참 잘했다며 내 편을 들어주었다. 그래도 아이들은 아빠를 저버리지 못했다. 가족들에게 너무 못되게 한 아빠지만 그래도 아빠는 아빠라고 했다. 진실이는 나이 들어가는 아빠의 모습이 안타깝다며 챙겨주고 싶어 했다. 하루는 아빠에게 차를 사주고 왔다면서 내 등 뒤로 다가와 나를 꼭 끌어안았다.

"엄마, 너무 섭섭해하지 마. 엄마한텐 더 좋은 차 사줄게. 이제 아빠도 늙어가니까 보기 안쓰러워서 그랬어."

"그래, 잘했어. 괜찮아."

나에게는 혹독하게 군 사람이지만 아이들에게는 부정할 수 없는 아빠였다. 지난 내 삶을 돌이켜보면 그 사람이 야속했지만 그래도 아이들이 아빠를 챙기는 모습을 보면서 어려운 환경에서도 우리 애들이 반듯하게 자라줬구나 하는 안도감이 들었다. 지난 시절의 일들을 생각하면 미워하고 모르는 척해도 되는 아빠지만 진실이와 진영이는 아빠의 못난 행동들을 '용서'하고 있었다. 나는 무엇보다 진실이와 진영이가 어릴 적 힘들고 어려웠던 시절만 떠올리지 않고 좋았던 시절의 기억도 가지고 있다는 게 다행스러웠다.

"그래도 엄마, 아빠가 우리 냉면도 사주고 매운탕도 끓여줬잖아."

'고작 냉면 한 그릇 사주고 딸에게 차를 얻어타는 너희 아빠는 참 복도 많은 사람이구나.'

나는 속으로 그렇게 생각하며 씁쓸하게 웃었다.

네가 행복하다면 우리도 행복해

"엄마, 나 결혼할래. 엄마가 걱정하지 않도록 잘살게요."

진실이가 결혼 이야기를 꺼냈을 때 나도 모르게 옅은 한숨이 나왔다. 하지 않았으면 하는 결혼이었다. 직감적으로 순탄치 않을 거라는 이상한 예감이 들었다. 그래서 연애 시절부터 반대도 많이 했다. 남자가 진실이보다 나이가 어린 점도 마음에 걸렸고, 유명 야구선수라는 점도 달갑지 않았다. 엄마 입장에서는 진실이가 자신을 외조해 줄 수 있는 남자를 만나 편안히 살았으면 싶었다. 여기저기 조건 좋은 선자리도 많았는데 하나같이 마다하고 운동선수를 만난다고 하니 속이 편할 리 없었다.

남자 집에서도 진실이가 연예인이라는 사실 때문에 반대가 심했다. 양가 부모가 반대하는 결혼이 행복할 것 같지 않아 나는 더더욱 그 자리가 탐탁지 않았다.

"어머니, 진실이에게 잘할게요."

조성민은 내게 편지도 보내고 전화도 걸어 사정사정했다.

"자네 집안 어른들도 반대하시는데, 서로 인연이 아니라고 여기고 마음 접어."

그러나 진실이도 처음에는 내 눈치를 살피더니 점점 조성민에게 마음이 기울고 있었다. 하루가 다르게 진실이의 얼굴은 장미꽃처럼 활짝 피어났다. 사랑에 빠지면 얼굴에서 빛이 난다더니 두 아이가 그랬다. 하지만 자꾸 평생 인연은 아닌 것 같은 생각이 들었다. 무엇이든 첫 단추를 잘 끼우는 게 중요한데 주변 사람들의 반대가 만만치 않았다.

"앞으로 다신 만나지 마. 너 자꾸 그러면 엄마 속상해서 못살아."

내가 강경하게 나가자 진실이의 얼굴이 금세 어두워졌다.

"왜 안 되는데?"

"엄마 혼자 안 된다는 거야? 저쪽 집안에서도 싫다잖아. 네가 아무리 유명한 연예인이면 뭐 해. 집안에 들어앉아 내조 열심히 할 사람이 필요하다잖아. 너, 연기 포기할 수 있어?"

"연기하면서 살림도 잘하는 선배들도 있는데……."

"그게 말처럼 쉽니? 조성민이 그냥 조성민이야? 지금 제일 잘나가는 대표 야구선수야. 그만큼 지켜보는 눈이 많다는 소린데 안사람이 얼마나 힘들겠어? 내조를 잘한들 별로 티도 안날 테고, 조금만 성적이 부진하면 내조 못해 그렇다는 욕을 먹을 텐데, 왜 그 힘든 길을 가려고 해? 너 엄마 눈에서 피눈물나는 거 보려고 그러는 거야?"
 옆에서 아무리 말려도 이미 불붙은 사랑은 쉽게 사그라지지 않았다. 결국 두 아이는 저희들 고집대로 결혼식을 올렸다. 둘의 결혼 소식으로 한때 대한민국이 떠들썩할 정도였다.

 신혼생활은 여느 부부들 못지않게 깨가 쏟아졌다. 진실이는 남편이 일본 요미우리에서 계속 야구를 해야 해서 한 달에 보름은 일본에 가 있었다. 일본에 갈 때면 밑반찬부터 김치, 생선, 순대까지 바리바리 챙겨가지고 떠났다. 먹을거리만 해도 대형 박스로 두 개 정도의 분량이었다. 한여름에도 나는 그 무거운 짐을 손에 들고 머리에 이고 공항까지 가서 배웅해주었다. 진실이가 임신을 해서 힘들 때는 같이 일본으로 건너가기도 했다. 일본에 갈 때마다 먹을 걸 한 짐 싸들고 가는 나를 보다못해 이종사촌언니가 한마디 했다.
 "야, 니는 미쳤다. 일본에서도 돈만 있으면 다 사는 걸 왜 이리 바리바리 싸갖고 가노? 야야, 니 계속 그럴라면 내 앞에 나타나지도 마라. 아무리 사위가 이뻐도 그렇지, 그게 뭐 하는 꼴이고? 할매가 물건 이고지고, 땀 뻘뻘 흘리면서 이 삼복더위에 볼썽사납다."
 언니는 우리가 그러고 다니는 걸 매우 못마땅해했다.
 "언니, 일본에서 사면 맛이 없어. 내가 가서 먹어보니까 한국 게 다 맛있더라. 생선도 그렇고 김치도 그렇고."
 둘이 낑낑대며 물건 나르는 걸 보고 있다가 언니가 또 한마디 쏘

아붙였다.

"거거나 여거나 다 마찬가지 생선이지. 아이고 유난떨어쌌네."

언니 눈에는 낑낑거리며 아이스박스를 나르는 내 모습이 안 돼 보였던 모양이다. 그도 그럴 것이 당시 일본 집과 한국 집을 오가며 가지고 다니던 대형 아이스박스만 무려 여섯 개였다.

신혼 때라 그랬는지 사위는 진실이에게 여러모로 자상하게 잘해 주었다. 내가 못 받은 복을 내 딸은 받나 보다 싶어 사위에게 더없이 고마웠다. 그러니 나도 사위를 당연히 지극정성으로 대했다. 이른 새벽부터 시장에 나가 싱싱한 생선과 고기를 사다가 먹을거리를 준비했고, 밑반찬을 장만할 때도 내 사위가 먹을 건데 하는 생각에 힘도 안 들고 더 정성이 들어갔다. 재료 하나를 사더라도 꼼꼼하게 골랐고 운동선수에게 뭐가 좋다고 하면 꼭 구해서 먹이려고 했다. 어느 집 순대가 깨끗하고 맛있다고 하면 사다가 일본까지 날랐다. 보신용으로 경기도 용문산 뱀집에서 뱀탕까지도 주문해 먹이기도 했다.

사위도 진실이에게 정성을 다했다. 임신 막달쯤 되니 진실이도 연기를 쉬기로 하고 일본으로 가 부부가 함께 지냈다. 그때 가서 보니 더없이 다정한 남편이었다.

"엄마, 성민 씨가 정말 잘해. 난 진짜 행복한 여자 같아. 이렇게 좋은 남편을 만나다니."

임신해서 배가 트면 안 된다고 날마다 마사지를 해주고 잘 먹어

톱스타와 최고의 운동선수의 만남으로
세상을 떠들썩하게 했던 진실이와 조성민의 결혼식.

야 한다며 이것저것 신경을 엄청 써준다는 것이었다. 곧 태어날 아이 장난감과 옷을 손에 들고 딸 부부가 즐거워하는 모습을 보고 있으면 나도 덩달아 기분이 좋았다.

"어머니, 오늘은 셋이 함께 공원으로 소풍 갈까요?"

"자네가 시간이 되면 나야 감사하지. 날씨도 좋은데."

우리는 들뜬 마음으로 간식과 음료수를 준비해 공원 산책에 나섰다. 즐거운 시간을 보낼 때마다 진실이의 얼굴은 모란처럼 화사했다. 내 딸이 진심으로 행복해하는 걸 눈빛만 봐도 알 수 있었다. 둘이 함께 걸어가는 모습을 뒤에서 바라보면 내 사위, 내 딸이지만 선남선녀가 따로 없었다. 지나가던 일본 사람들도 걸음을 멈추고 두 사람 얼굴을 다시 바라보곤 했다. 그때마다 어깨가 우쭐했다. 자식자랑은 팔불출이나 하는 거라지만 내가 바로 그런 엄마였다.

하루하루가 더없이 평화롭게 흘러갔다. 사위는 곧 산달이라 힘들다며 진실이가 빨래도 못하게 말렸다. 힘든 일은 본인이 나서서 척척 도와주었다. 검은 옷, 흰 옷 잘 분류해 세탁기에 넣고 마른 빨래를 차곡차곡 개켜 옷장에 넣는 일까지 싫은 내색 없이 스스로 나서서 했다. 아무리 정답게 굴어도 사위는 백년손님이라고 했다. 보다못한 내가 힘드니 하지 말라고 해도 "어머니, 이게 힘들긴 뭐가 힘들어요" 하면서 넉살 좋게 웃었다.

어릴 적부터 엄마 속을 썩이던 아빠만 보다가 다정다감한 신랑과 같이 사니 진실이는 꿈만 같다고 했다.

"엄마, 난 정말 복받은 사람인가 봐. 무슨 복으로 이렇게 좋은 신랑을 만났을까. 저 사람 내게 진심으로 잘해줘. 너무 고맙고 믿음직스럽고 때로는 감사해서 눈물이 나. 나보다 어리다고 엄마가 우려했던 거 이제 하나도 걱정 안 되죠?"

신혼여행 다녀와서 한 번 섭섭한 일이 있었다는 말을 한 후 진실이는 일절 남편에 대해 서운한 얘기를 하지 않았다. 내가 봐도 너무나 자상한 남편이었다. 멋있지, 잘생겼지, 저런 사위를 또 어디서 얻을까 싶어 나도 참 복받은 사람이구나 하며 고마워했다. 사위만 보면 싱글벙글 웃음이 나왔다.

드디어 기다리고 기다리던 환희가 태어났다. 출산 예정일이 다가와 한국에서 출산 준비를 하고 있던 참이었다. 진실이가 갑자기 배가 아프다며 병원에 가자고 했다.

"진영아, 매형에게 전화해. 곧 아기 태어난다고."

나는 허둥지둥 옷을 갈아입고 병원으로 향했다.

"바로 비행기 타고 갈 테니 조금만 힘내고 기다리라고 하세요."

사위의 말에 진실이는 남편이 올 때까지 출산을 미뤄야 한다고 했다. 아기가 태어나는 모습을 둘이 함께 보고 싶다고 분만을 늦춰가며 기다렸다.

"한국 도착했어요. 차가 너무 막히네요."

"거의 다 왔어요. 뛰어가고 있습니다."

사위는 사위대로 오는 시간을 알리며 급하게 병원으로 달려왔다. 사위가 병원 문을 밀고 들어오자마자 환희가 태어났다. 그 와중에도 조성민이 나타났다며 여기저기서 카메라 플래시가 터지고 정신이 하나도 없었다. 병원 안팎에서 조성민, 최진실의 아기를 찍겠다고 100여 명의 기자가 진을 치고 있었다. 병원이 들썩거릴 만큼 수많은 사람이 모여 있는 가운데 일가친지까지 합세해 환희의 탄생에 환호성을 질렀다.

"드디어 우리집 장손이 태어났다!"

모두가 고대하던 아기였다. 아들이 귀한 집에 장손으로 태어났으니 할머니 할아버지의 기쁨은 이루 말할 수 없었다.

"아기가 아빠를 쏙 빼닮았네. 고녀석 똑똑하게 잘생겼다."

갓 태어난 아기가 쌍꺼풀이 또렷하고 이목구비가 반듯해 잘생겼다는 소리가 절로 나왔다.

아기 이름은 '환희歡熙'라고 지었다. 빛난다는 뜻을 가진 아름다운 이름이었다. 어느 집이나 기다리던 아기가 태어나면 그렇겠지만 환희는 우리 가족에게 하늘이 주신 큰 선물이었다. 환희 아빠가 된 조성민도 입을 다물지 못하고 아들을 보며 방실방실 웃었다. 얼마 있지 못하고 다시 일본으로 돌아가면서 사위는 진실이에게 무리하지 말라고 신신당부를 했다. 아이까지 생기니 집안 분위기는 한결 안정되었다. 이제 두 사람이 열심히 부모 노릇을 하며 살 일만 남았다고 생각했다.

"너도 이제 엄마가 됐으니 더 잘살아야 해. 신랑도 잘 챙기고."

"걱정 마요, 엄마. 노력할게."

곧이어 진실이도 환희와 함께 남편에게 갔다. 아기뿐 아니라 이것저것 짐이 많아 나도 함께 동행했다. 환희 아빠는 야구 연습이 끝나는 오후 두세 시쯤이면 집으로 돌아왔다. 집에 와서는 분유도 타서 먹이고 우윳병도 소독했다. 아기 기저귀도 갈아주고 목욕도 시켜주고 애기 옷이 더러워지면 바로바로 세탁기에 돌렸다. 도란도란 서로 아껴주며 사는 모습이 옆에서 보기만 해도 흐뭇했다. 진실이가 산후조리를 하느라 누워 있으면 환희 아빠가 아기를 보고 나는 부엌에 들어가 찌개도 끓이고 생선도 구워 저녁 준비를 했다. 하루하루가 어떻게 흘러가는지 모르게 지나갔다. 환희의 탄생 이후 1년간이 우리 가족에게는 가장 단란하고 평온한 시절이었다.

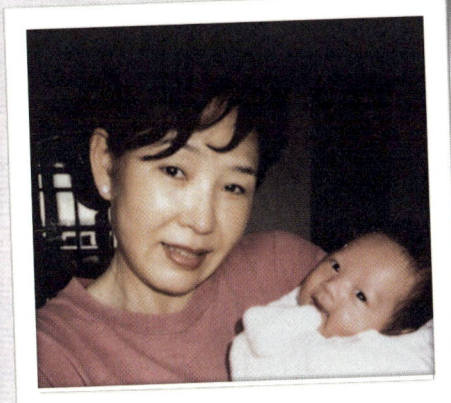

2001년 8월 23일. 한희와 함께.

이번 일본여행은 참으로 행복했던 시간이다.
8일간, 활력광, 그이랑 같이 했던 시간들,
호호희 아장아장 걸어다니는 모습을 보며
놀라 낯설어하며, 깔깔거리며 웃고
삼겹살이랑 째개거리 등주 다리 밑 개울가로
놀러가 붐 여유있게 음식 만들어 먹고,
이건저건 얘기하며 지낸일들,
...
행복이란, 혼자 아닌것 같다.
가족이 함께 있슴, 있는것만으로도. 행복아닐까,
어쩌면.
해변이, 드라마의 복잡과 사람들의 공격을
통해, 나에게 가정의 귀중함과 소중함을
알게된 주신건 아닌지.
고통을 알아야 행복의 참 의미를 알듯.
..만약, 이번 드라마가 히트치고, 예전처럼
나 잘난 맛에 살아간다면, 남편과 그늘의
소중함과 자식의 귀중함을 몰랐겠지.
감독과, 나 최전성의 자리를 쫓아가게
나에게 이런 시련을 주신거라 생각하구.
... 열심히 살아야지.
아, 그리구, 신강이랑 호호희랑 하루일정으로
귀체로 장애인들 행사에 참여했던일도
참 뿌듯하고 좋았던것 같다.
힘체어에 앉아 있는 그들에게 호호희가
다가가 어루만지구, 눈을 마주치는게

"행복이란 큰 게 아닌 것 같다.
가족이 함께 있는 것만으로도 행복 아닐까.
어쩌면 하느님이 드라마의 부진과 사람들의 공격을
통해 나에게 가정의 귀중함과 소중함을 일깨워주신 건 아닌지.
고통을 알아야 행복의 참 의미를 알듯……"

나에게 세상에서 가장 어려운 말은
'용서'라는 말이 되었다.
용서라는 그 말, 쉽게 할 수 없는 말이라는 것을
얼마나 낮아지고 겸손해져야
남을 용서할 수 있다고 말할 수 있는지를
일흔이 다 되어가는 나이에 배우고 있다.
용서……
그래, 용서하자.
그러나 어떻게 용서할 수 있을까.
나는 하루에도 몇 번씩 갈등한다.
내가 죽는 순간
진심으로 겸허한 마음이 되어
누군가를 용서할 수 있는 사람이기를……
그럴 수 있게 해달라고
하느님께 두 손 모아 기도한다.

PART 2

분노_그리고 용서

내 유년 시절의 풍경

나는 해방 되던 해에 태어난 해방둥이로 다섯 살 즈음 6·25 전쟁을 겪었다. 그때는 정말 모든 것이 어려웠다. 먹을 것, 입을 것은 물론 잠자리마저 걱정을 해야 하는 시절이었다. 전쟁 이후 모든 것은 폐허로 변해 있었다. 그 어려운 시기에 시골에서 농사를 짓고 산다고 하면 간신히 입에 풀칠하는 정도였다.

어머니가 남동생을 낳자마자 전쟁이 터져 우리 가족은 이불보따리와 전재산이나 마찬가지인 소를 끌고 피난을 떠났다. 목적지는 부산이었다. 부산에는 큰외삼촌과 이모가 살고 있었다.

지금도 피난 갈 때의 풍경이 또렷이 기억에 남아 있다. 농촌에서 농사만 지으며 살던 부모님이 도회지로 피난을 가자니 겁도 많이 나셨을 것이다. 정신없이 걷다 보면 어디선가 총성이 울렸고 그때마다 사람들은 빠르게 흩어지며 몸을 숨겼다. 함께 피난길에 나선 소를 잃은 지는 이미 오래였다. 낮에 총소리가 들리면 밤에 한없이 걸었다. 바글바글하던 피난민들은 길을 걷다 영양실조로 픽픽 쓰러져 날이 갈수록 그 수가 눈에 띄게 줄었다. 요즘 젊은 사람들은 뱃가죽이 달라붙는다는 말을 이해하지 못할 것이다. 하지만 전쟁을 겪은 세대라면 이 말의 슬픈 의미를 너무나 잘 알 것이다.

길을 걷다가 갑자기 폭탄이 떨어지면 여기저기서 사람들이 죽어나갔다. 태어난 지 얼마 안 된 내 남동생도 그렇게 폭탄에 맞아 죽었다. 시신의 형체도 찾을 수 없어 어머니는 하염없이 눈물만 흘리셨다. 어떤 사람은 오줌 누다가 폭격에 맞아 그 자리에서 숨을 거두기도 했다. 피난민들은 낮에는 산속이나 빈집에 숨고, 밤이면 캄캄한 어둠 속에 숨어 걸었다.

피난을 가다 여기저기서 사람들이 서로 포개져 죽은 모습도 봤다. 어린 나이에 그 모습은 극심한 충격이었다. 나는 어머니 손을 꼭 붙들고 놓지 않았다. 어머니와 헤어지면 나도 그 사람들처럼 죽게 될지도 모른다는 공포가 머릿속에 가득했다.

부산에 도착하니 전국에서 온 피난민들로 북새통이었다. 몰려든 사람들은 여기저기에 판잣집을 짓기 시작했다. 산기슭은 금세 판잣집으로 빽빽이 채워졌다. 우리는 행경산 밑에 있는 한 동네에 자리를 잡았다.

길거리에는 붙잡혀온 인민군들이 몇천 명씩 있었고 배가 고픈 사람들은 더러운 도랑물을 마시고 쓰레기를 주워 먹었다. 부모님은 간신히 방 한 칸을 얻어 떡 장사를 시작하셨다. 그후 곶감 장사도 하고 고구마 장사도 하셨다. 꽁보리밥에 반찬이라고는 소금국이 전부였지만 하루에 두 끼 챙겨 먹는 것도 감지덕지한 일이었다. 술도가를 하는 큰외삼촌 댁에 가면 밀주 짜고 남은 술찌꺼기를 얻어왔는데, 여기에 사카린을 타서 먹으면 정말 맛있었다. 언니와 나는 부모님 몰래 그걸 야금야금 간식처럼 먹었다. 그러다가 어느 날은 술에 취해서 저녁도 못 먹고 잤다.

우리 가족이 살던 방은 모두 누우면 더 이상 비집고 들어올 틈도 없이 좁았다. 방에 놓인 것이라고는 이불보따리 한 채가 전부였지만 피난 당시의 상황에 비하면 그 방은 천국이었다. 그때는 전깃불도 없어 호롱불을 켜고 살았다. 석유 한 병 사다가 아껴가며 썼는데 호롱불을 끄고 나면 온 천지가 까맸다. 그래도 가족이 한데 모여 잤기 때문에 무섭지 않았다.

그런데 어느 날 밤, 잠을 자고 있는데 갑자기 문이 열리면서 누군가 들어오더니 식구들을 발로 차기 시작했다. 깜짝 놀라 벌떡 일어나 앉으니 낯선 남자들이 우르르 들어와 성냥불을 켜 캄캄한 방을 밝히고는 아버지를 찾아서 끌고 나갔다.

"왜 그러세요? 왜 사람을 끌고 가세요?"

다급해진 어머니는 신발도 신지 못하고 아버지를 끌고 가는 사람들의 뒤를 쫓았다. 하지만 남자들은 금세 아버지를 트럭에 싣고 사라져버렸다. 너무 순식간에 일어난 일이라 사람들을 부르거나 따로 손쓸 틈이 없었다. 너무 기가 막힌 상황이었다. 그날 밤 어머니는 자식들을 끌어안고 뜬눈으로 밤을 지새웠다. 당시 어머니는 20대 중반이었고 아버지는 어머니보다 두 살 많았다.

날이 밝자마자 어머니는 아버지의 행방을 백방으로 수소문하기 시작했다. 그러나 며칠을 돌아다녀도 그 사람들이 아버지를 어디로 끌고 갔는지 전혀 알 수가 없었다. 어머니는 한 달여를 울면서 아버지를 찾아 헤맸다.

하지만 계속 그러고 다니다가는 자식들이 굶어죽게 생겨, 결국 친척 소개로 광목 짜는 조선방직에 취직을 했다. 일주일은 야간근무, 일주일은 주간근무를 해야 하는 공장이었다. 퇴근시간이면 수천 명의 여공이 정문으로 우르르 쏟아져나왔다. 나는 공장 앞에서 어머니를 기다리며 그 모습을 신기하게 바라보곤 했다. 나도 어서 커서 돈을 벌고 싶었다. 어머니 혼자 고생하는 모습이 어린 나이에도 몹시 안쓰러웠다.

그렇게 두어 달쯤 지났을 때 문득 아버지가 돌아오셨다. 형편없이 야윈 아버지의 모습은 무서웠다. 특히 눈이 퀭하게 쑥 들어가서 더 무섭게 느껴졌다. 우리 가족은 갑자기 나타난 아버지를 보고 깜짝 놀랐다. 아버지는 가타부타 아무 말 없이 방으로 들어가더니 밥을 달라고 하셨다. 급히 밥을 차려드리니 밥그릇을 들고 허겁지겁 잡수시더니 그날부터 방에서 나오지 않으셨다.

"누가 나 잡으러 오면 없다고 해."

아버지는 날마다 방에서 벌벌 떨었다. 가족들에게도 밖에 나가지 말고 방 안에만 있으라고 했다. 변해도 너무 변해서 돌아온 아버지를 보고 어머니는 어디서 무슨 일을 당하고 왔는지 알아봐야 한다며 수소문하기 시작했다.

아버지는 보국대라는 곳으로 끌려가 "빨갱이 짓을 자백해라", "그동안 무슨 심부름을 했나?" 하는 소리를 들어가며 매일 구타를 당했다고 한다. 하루는 누군가 아버지 가슴에 총을 대고 대답 안 하면 쏴 죽인다고 했고, 그 순간 아버지가 기절을 하셨다고 한다. 사람이 놀라면 간이 뒤집어진다던가. 이후 아버지의 몸과 정신에 이상이 찾아왔다. 눈이 뻘게져서 하루종일 방 안에 앉아 있다가 갑자기 어느 순간 부엌칼을 들고 와 허공에 대고 휘저었다. 어머니가 공장에서 돌아오면 눈이 뒤집힌 채 어머니 목에다 칼을 들이대며 죽인다고 소리를 지르곤 하셨다.

내가 열 살이 될 때까지 아버지의 병증은 계속됐다. 날이 갈수록 증상이 더 심해지니 가족들이 무서워서 살 수가 없을 정도였다. 나도 아버지만 보면 온몸이 벌벌 떨렸다. 어머니는 어머니대로 그런 상황에서 4남매를 키우느라 고생이 말도 못했다. 공장에서 돌아온 어머니에게 어디서 서방질하고 왔냐며 주먹을 휘두를 때마다 내가 어떻게든 가운데 서서 말렸다.

"엄마, 빨리 도망가세요. 아버지, 내가 잘못했어요. 아버지 그러지 마요!"

하루가 멀다 하고 이렇게 중간에서 아버지를 말리다 보니 내 별명이 '삼팔선'이 되었다.

하루는 아버지가 가족들을 다 죽일 것처럼 굴어 우리는 어머니 손을 잡고 야반도주를 했다. 어머니가 상주로 가서 외가의 도움을 받기로 결심한 것이다. 외가는 방앗간을 해서 시골에서는 부자 축에 속했다. 우리는 외가에 방을 얻어 살기 시작했다. 어머니는 비단을 팔러 다니면서 대신 콩, 보리 같은 걸 받아가지고 오셨다. 저녁을 먹고 자리에 누우면 어머니는 호롱불 밑에서 《장화홍련전》이나 《심청전》 같은 소설책을 정말 구슬프게 읽어주셨다. 그럴 때면 베개가 흥건히 젖도록 울면서 잠이 들었다.

아버지에 대한 공포에서 벗어나니 나는 한결 마음이 편안했다. 낮에는 어머니 대신 동생들을 돌보고 밤이면 어머니가 오기를 기다렸다. 어둑어둑해지는 산길을 바라보다 어머니 모습이 보이면 한달음에 달려가 짐을 받아 들었다. 곡식이 그득 담긴 보따리를 보면 든든했다.

힘들었지만 그렇게 오순도순 어머니와 정답게 살고 있는데, 어느 날 난데없이 아버지가 찾아와 한바탕 난리가 벌어졌다. 어머니도 더 이상은 그대로 살아갈 힘이 없어 보였다. 결국 큰언니를 부산 큰외삼촌 댁으로 보냈다. 내가 열한 살쯤 되었을 때였다.

"옥숙아, 서울에 갈래?"

"싫어, 엄마랑 동생이랑 살래."

나는 울면서 가기 싫다고 떼를 썼다. 하지만 엄마는 매몰차게 내 등을 힘껏 떠밀며 빨리 가라고 화를 내셨다. 희한하게 그때 엄마가 등을 떠밀던 기억이 아직도 생생하게 남아 있다.

언니는 부산으로 나는 서울로…… 아버지 때문에 우리 가족은 그렇게 여기저기로 흩어지게 됐다. 막내는 아직 어려 엄마가 데리고 있다가 결국 재가를 하셨다. 이 나이쯤 되니 그 시절 어머니가 선택한 삶이 심정적으로 이해가 된다. 어머니로서는 최선의 선택이었다. 다행히 의붓아버지와는 금실 좋게 사셨다.

열한 살 어린 나이에 서울로 올라와 미용실을 하는 친척집과 소개로 들어간 집에서 몇 년을 살면서 나는 미용 기술도 배우고 학교를 다니며 공부도 할 수 있었다. 그 시절 나는 책을 무척이나 좋아했다. 책 읽는 재미에 빠져 밤잠을 설친 적도 여러 번이다. 처음에는 쉬운 책을 읽다가 나중에는 어려운 책도 술술 읽게 되었다. 그 시절에 읽은 책들은 지금까지 내 인생의 좋은 자양분이 되어주고 있다. 박경리 선생님의 책도 이때 처음 접했고, 김유정 선생님의 소설에도 흠뻑 빠졌었다. 외국 소설인 《바람과 함께 사라지다》, 《닥터 지바고》, 《장발장》 등도 무척 재미있게 읽었다.

어린 나이에 보고 싶은 가족들과 생이별해 타향살이를 해야 했던 내게 책은 가장 큰 친구였고 위안거리였다. 책을 좋아하면서 나는 글을 쓰는 작가가 되고 싶다는 꿈을 꾸었다. 하지만 현실은 그것과는 거리가 멀었다. 글 쓰는 재주도 없었거니와 교육을 받을 형편은 더더욱 아니었다.

　서울 생활은 역시 녹록치 않았다. 다행히 좋은 분들도 만나고 이런저런 기술도 배우면서 무탈하게 지내기는 했지만, 그렇다고 마음 편히 몸 뉘일 곳이 없어 이리저리 떠돌아 다녀야 하는 신세가 처량하고 힘들었다. 그럴 때마다 다시 가족들과 함께 살게 될 날이 오기를 꿈꾸었다. 하지만 그렇게 되려면 돈이 있어야 한다는 생각이 들었다. 어린 나이였지만 돈 많이 벌어서 꼭 다시 가족들을 만나러 고향으로 돌아가겠다고 마음 먹었다.
　서울에서 어렵게 모은 얼마간의 돈을 들고 가족들이 있는 고향을 찾아 갔을 때, 엄마의 재가 소식을 들었다. 다시 엄마, 언니, 동생들과 함께 오순도순 살고 싶다는 꿈은 정말 이루어질 수 없는 꿈이 되고 말았다.
　나는 다시 서울로 돌아와 이대 앞에 있는 미용실에 다니며 착실히 돈을 모았다. 그러다 친구 소개로 진실이 아빠를 만나게 되었다. 첫 연애인 터라 나는 그 사람에게 정신없이 빠져들었다. 내 나이 스물한 살 때의 일이다. 진실 아빠를 만나고 난 후 내 인생은 그 어떤 소설보다 드라마틱하게 흘러갔다.

신혼 첫날밤에도 들어오지 않은 남편

남편은 주변에 친구가 많았다. 워낙 노는 걸 좋아하는 사람이었다. 결혼하고 신혼여행을 못 갔는데 첫날밤에도 집에 들어오지 않았다. 결혼했으니 집에 가 있으라고 해놓고 밤이 새도록 친구들과 어울려 논 것이다. 나는 결혼 첫날밤부터 소박맞은 신부가 되어 베갯잇을 적셨다. 최 서방하고 결혼하면 살면서 여러 번 애간장이 녹을 거라던 친정어머니의 말이 떠올랐다. 결혼 전 손아래 시누이는 나를 불러 따로 이런 얘기를 했다.

"이런 말 하기 그런데, 우리 오빠랑 결혼하지 마세요."

나는 순간 내가 마음에 안 들어 그러나 보다 했다.

"우리 오빠, 알아주는 한량인데 이리 얌전한 사람이 아무것도 모르면서 어떻게 살려고 그래요. 오빠 같은 사람과 결혼하지 마요."

시누이 말을 들으면서도 나는 괜찮다고 했다. 이것도 내 운명이고 인연이라고. 연애 경험이 없었으니 그때는 진실이 아빠를 최고로 생각했고, 이제 와 다른 사람을 만난다는 것은 생각도 할 수 없는 일이었다.

남편은 첫날부터 집에 안 들어오더니 이후에는 일주일에 한 번, 한 달에 한 번, 길면 몇 달에 한 번씩 드문드문 집에 들어왔다. 그러고는 잠깐 있다가 또 어디론가 나갔다.

남편에게는 벌써 애가 둘이었다. 느닷없이 나는 낳지도 않은 두 아이의 엄마가 되었다. 일곱 살과 다섯 살 먹은 아이들이었는데 낳은 엄마도 서로 달랐다. 이 사실을 알고 나서야 결혼 전 시누이가 왜 혼인을 만류했는지 알 것 같았다. 하지만 이미 되돌릴 수 없는 현실이었다. 일곱 살 아들은 이미 시어머니께서 막내아들처럼 키우고 계셨고, 다섯 살 아들은 결혼 후 남편이 갑자기 데리고 왔다.

하루는 시아버지가 집으로 찾아오셨다.

"아가, 너는 참 좋겠다. 고생도 안 하고 배도 안 아프고 아들이 이렇게 둘씩이나 있으니, 앞으로 아이는 안 낳아도 되겠다."

어른 앞에서 싫은 내색을 할 수가 없어 "네, 알겠습니다"라고 말씀드리고 가만히 앉아 있었다. 자기 눈을 자기가 찌른다더니 갈수록 첩첩산중이었다. 둘이 눕기도 비좁은 방에 다섯 살 아이까지 데리고 자려니 나는 마땅히 누울 공간이 없었다. 남편과 아이에게 이불을 덮어주고 나면 내가 덮을 이불이 남지 않아 이불도 덮지 못한 채 한쪽에 쭈그려누운 채 잠을 청했다. 이러니 팥쥐 엄마 심정을 알 것도 같았다. 어쩔 수 없는 운명이니 받아들이자 하면서도 신혼 초라 더더욱 속이 상했다. 내가 낳지 않은 다섯 살 아들과는 생모가 찾아와 데리고 갈 때까지 몇 달을 그렇게 지내야 했다.

어느 날은 시어머니가 큰애를 데리고 친정에 다녀오라고 하셨다. 이런 낭패가 어디 있을까 싶어 가슴이 바짝 졸아들었다. 어떻게 해야 하나 고민하다가 아이 손을 붙잡고 친정엘 갔다. 아이를 본 친정어머니의 눈이 휘둥그레지셨다.

"이 아이는 누구니?"

나는 얼굴 표정 하나 변하지 않고 말했다.

"어, 엄마 사위 아들이야."

친정어머니는 한숨을 푹 쉬시더니 한동안 말이 없다가 아이 운동화가 다 떨어졌다고 하셨다.

"이 아이도 어차피 네가 운명적으로 만났으니 잘 해라."

운명, 운명이란 무엇일까? 내 나이 대의 여자들은 운명을 철석같이 믿었다. 운명이란 말조차 없었다면 질곡 많은 인생을 받아들이기가 쉽지 않았을 것이다. 그것은 누구의 잘못도 아니었다. 우리가 살아야 할 시대가 너무 각박하고 어려웠다.

어머니는 아이를 데리고 가서 운동화를 한 켤레 사주고 용돈도 쥐어 주셨다. 갈 때는 천근만근이던 발걸음이 집으로 돌아올 때는 한결 가벼웠다. 이후 아이는 친정어머니만 보면 외할머니라고 하면서 잘

따랐다. 어머니도 친손자처럼 귀여워해주셨다. 그러다 진실이가 태어났고 시어머니께서는 큰애를 더 이상 내게 키우라고 하지 않으셨다.

온 가족이 예뻐하는 여자아이가 태어났으니 맘 잡고 진실되게 살 거라고 믿었는데, 남편은 여전히 밖으로만 돌았다. 그때만 해도 통행금지가 있었다. 아궁이에 연탄불을 피우고 아이를 재운 뒤 뜨개질을 하고 있으면 어느새 통행금지를 알리는 사이렌이 울렸다. 그 소리를 듣고 나서야 남편이 오늘도 들어오긴 글렀구나 하고 잠자리에 들었다.

"이 사람은 언제 들어오려나."

나는 종종 혼잣말을 하며 대문을 바라보곤 했다. 한번은 추운 겨울에 진실이를 업고 남편이 있는 곳으로 찾아갔다. 차마 들어가지는 못하고 문 앞에 서 있다가 아는 얼굴이 지나가면 "저, 진실이 아빠 좀 불러주세요" 하고 부탁을 했다. 그 앞에서 한두 시간을 기다린 후에야 남편이 나타났다.

"추운데 아기 업고 뭐 하러 왔어? 궁상떨지 말고 가."

그는 타박을 하고는 얼마간의 돈을 손에 쥐어주었다. 그러면 그걸 받아가지고 집으로 돌아와 쌀 사고 연탄 들여놓고 한동안 또 어찌어찌 지냈다. 남편에게 얼마간의 돈이라도 받을 수 있는 날은 그래도 운이 좋은 날이었다. 월급날이 돼도 들어오지 않아 며칠을 기다리고 기다리다 수소문해 찾아가면 이미 한 푼도 남기지 않고 다 써버린 후였다. 그런 날은 울면서 집으로 돌아왔다.

아기를 데리고 앞으로 한 달을 어떻게 버텨야 할지 막막해 그저 소리 없이 눈물만 흘렸다. 더 이상 외상을 질 가게도 없었다. 대추나무에 연 걸리듯 이 집, 저 집 외상값만 쌓여갔다.

한번은 저녁을 지으려고 보니 찬거리가 없었다. 시장에 나가 두부라도 사와야 하는데 이 옷, 저 옷 호주머니를 뒤져도 동전 한 닢 나오지 않았다.

진영이까지 낳은 후에도 남편은 변할 기미가 보이지 않았다. 어쩌다 남편이 집에 들어오는 날이면 서로 언성이 높아졌다. 집에 갓난아기를 두고 일을 다닐 수도 없는 형편이어서 남편에게 의존할 수밖에 없는 현실이었다. 어쩔 수 없이 호구책으로 뜨개질 일감을 받아다 했다. 머플러도 뜨고, 모자도 떠서 넘기는 대가로 몇 푼 받으면 그 돈으로 쌀을 사다가 밥을 지어 먹었다.

하루는 사는 게 너무 힘들어 죽을 결심까지 했다. 진실이가 서너 살 때 포대기에 진영이를 둘러 업고 진실이 손을 잡고 막 뒷산으로 오르는데 진실이가 날 쳐다보면서 "엄마, 어디 가는 거야?" 하고 물었다. 그러더니 자기 죽는 거 무섭다고 죽지 말자며 앉아서 엉엉 울기 시작했다. 겨우 서너 살짜리가 엄마의 심정을 어떻게 알았을까? 진실이가 우는 모습을 보고는 다시 내려와 옆집에서 연탄 두 장을 빌려다가 방에 불을 넣고 저녁을 지어 먹었다. 그렇게 또 한 고비가 지나가면 어떻게든 살아졌다.

진실이와 진영이의 어린 시절 사진은 무척 닮은 모습이다.
둘은 콩 한 쪽도 나눠 먹을 정도로 정이 도타웠다.

얘들아, 엄마가 너무 무능했지?

어느덧 일흔을 바라보는 나이가 되고보니 세상일이 언제나 내 뜻처럼, 내 마음처럼 되지는 않는다는 걸 알겠다. 어렵게 고생고생하며 아이들을 키우고 그 아이들이 남들이 선망하는 톱스타가 돼서 영광을 누릴 때 나는 이제 모든 고생이 끝났다고 생각했다. 처음 700만 원짜리 전셋집을 얻었을 때 나는 세상을 모두 얻은 것처럼 행복했고, 이후 집을 장만했을 때는 하늘이 도와주신 거라며 기뻐했다. 추운 겨울 여기저기 틈새로 들어오는 매서운 바람을 피해 아이 둘을 꼭 끌어안고 혹여 감기에 걸리지나 않을지 전전긍긍하며 살아본 사람이라면, 쌀이 없어 수제비로 끼니를 때우고도 펑펑 쏟아지는 함박눈처럼 하얗게 웃어주는 두 아이를 행복하게 바라보는 엄마의 심정을 이해하는 사람이라면 추위 걱정, 끼니 걱정 없이 살게 된 것만으로도 내가 얼마나 기쁘고 감사했는지 헤아릴 수 있을 것이다.

두 아이가 떠나고 난 뒤 밤에 홀로 앉아 지난 일들을 되새겨볼 때가 있다. 그때마다 내가 두 아이에게 큰 죄인인 것 같아 잠을 이룰 수가 없다. 신경안정제와 수면제를 먹어도 잠이 오지 않고 가슴의 통증도 쉬이 사라지지 않는다. 나는 참 못난 엄마였다.

진실이가 대학에 들어가겠다고 했을 때 나는 대학 진학을 만류했다. 등록금이 없었기 때문이다. 진실이는 제법 그림에 소질이 있었다. 눈썰미가 있어 뭘 한 번 보면 그 자리에서 쓱쓱 스케치를 했다. 옆에서 보기에도 신통했다. 글씨도 반듯반듯 정갈하게 쓰고 만들기 같은 것을 해도 그럴싸하게 해냈다. 요리도 가르쳐준 적이 없는데 옆에서 엄마 하는 걸 보고 곧잘 맛있게 했다. 부모 잘못 만나 가난을 대물림받았지만 어려운 환경에서도 씩씩하게 잘 자라준 딸이었다.

지금 생각해도 가슴 아픈 건 딸의 소망이던 대입 시험을 못 보게 한 일이다. 진실이는 미대에 가고 싶어했다. 시험 보러 가겠다고 하는 걸 내가 붙잡았다. 합격을 한다 해도 등록금이 없어 못 보내면 내 심정도 그렇고, 진실이는 진실이대로 마음이 안 좋을 것 같았다. 그래도 시험은 보고 싶어 했는데 저 하고 싶은 대로 내버려둘 걸, 지금도 말린 일이 후회가 된다.

"대학은 나중에 서른 넘어서도 갈 수 있어. 형편이 어려워서 지금은 엄마가 가란 말을 못하겠어."

내 말을 가만히 듣고 있던 진실이는 곧 체념했다.

"알았어, 엄마. 담에 가면 되지 뭐. 그럼 내가 뭘 해야 돼, 취직을 해야겠네, 돈 벌려면?"

고등학교를 졸업한 뒤 진실이는 우선 편의점 아르바이트라도 해 보겠다며 알아보고 다녔다. 그러다 진영이를 통해 모델 일을 하게 되었고 우연한 만남으로 연예계에 발탁이 되었다.

자식들이 승승장구하며 화려한 연예계 생활을 하는 동안 나는 적응이 안 돼 힘들었던 날이 적지 않았다. 엄마로서 뭘 어떻게 해야 되는지 알 수가 없었다.

진실이가 상을 받는다고 시상식에 가자고 해서 따라가 보면 근사한 호텔이었다. 저녁식사로 스테이크가 나왔는데 말만 들었지 한 번도 먹어보지 않은 음식이라 생경했다. 더구나 고기를 썰 때마다 피가 흥건히 나와 영 비위에 맞지 않았다. "이거 어떻게 먹지?" 하고 물으면 진실이가 옆에서 옆구리를 쿡쿡 찔렀다. 자기가 하는 대로 따라하라는 신호였다. 누가 옆에서 와인이라도 따라주면 "아휴, 전 술 못 먹어요" 하고 거절을 했다. 그러면 진실이는 그냥 받으라고 눈짓을 했다. 집에 돌아오면 "엄마, 그럴 땐 그냥 받아서 입에 조금 대는 척하고 가만히 접시 옆에 내려놓으면 되는 거야" 하고 알려줬다. 그러고는 당황해하던 내 흉내를 내며 저 혼자 데굴데굴 구르며 웃었다.

나는 여러모로 촌스러운 엄마였다. 내가 살아온 시대가 그랬고, 결혼해서도 고생만 하다 보니 뭐 하나 제대로 할 줄 아는 게 없었다.

먹고사는 것 외에는 신경 쓰고 살 여력이 없었다. 그러니 애들 따라서 촬영장에 나가도 누군가와 다정하게 말을 할 줄 몰랐다. 하루종일 촬영장에 붙어 있어도 아무 말도 하지 않았다. 스태프들이 진실이 엄마라는 걸 알아보고 "이리로 좀 오세요" 해도 "네" 하고 대답만 한 뒤 그대로 있었다. 감독님에게 말 한 마디 건네는 것도 어렵고 쑥스러웠다. 〈남부군〉을 찍을 때도 그랬고, 항상 뒷전에 멀리 떨어져 있었다. 다른 배우 어머니들은 성격이 활달하고 싹싹해서 감독님이나 스태프들에게 친절하게 웃으면서 참 잘했다. 그런 모습을 나도 좀 배워야지 했는데도 뜻대로 되지 않았다.

워낙 타고난 성품이 무뚝뚝해서인지 마음은 있어도 표현할 방법을 몰랐다. 드라마나 영화 촬영이 끝나면 쫑파티라고 해서, 연기자 가족들까지 와서 밥을 먹으며 소주도 한잔씩 곁들이고 하는데, 나는 술 먹을 줄도 몰라 잘 끼지 못했다. 밥 먹고 나면 먼저 바깥에 나가 기다리고 앉아 있다가 진실이나 진영이가 나오면 황급히 자리를 떴다.

그러다 보니 점차 나는 빠지고 이모가 함께 촬영장에 다니게 되었다. 진실이 이모는 지금도 나와 함께 살고 있는데, 사교성이 없고 무뚝뚝한 나와는 달라 진실이가 참 편안해했다. 특히 이모와 함께 촬영장에 가면 분위기가 달라진다고 좋아했다. 말없이 조용히 있는 엄마와 달리 감독님이나 스태프들에게 먼저 다가가 살갑게 말도 시키고 회식이 있으면 술자리가 즐겁도록 농담도 하고 술도 잘 마시는 화통한 이모라며 든든해했다. 그러다 보니 자연히 나는 뒤로 물러서게 되었다. 가뜩이나 촬영장 가면 어렵고 불편했는데 잘된 일이었다.

　진실이와 진영이는 숫기 없고, 남과 잘 어울리지 못하는 엄마의 성격을 이해해주었다. 두 아이는 "엄마는 세상 물정 몰라서 우리가 지켜줘야 해"라고 말하곤 했다. 자식들에게 내가 해줄 수 있는 건 힘들게 번 돈을 아껴 차곡차곡 모아주는 일이었다. 요령을 피울 줄 몰라 어디 투자를 하거나 다른 사업을 벌이지도 못했다. 고기도 먹어본 사람이 먹는다는 속담처럼, 아이들 클 때까지 일만 하고 살았으니 어디 가서 돈 쓸 줄도 몰랐다. 한 번도 꿈꿔보지 못한 돈이 들어왔을 때도 처음 얼마 동안은 백화점 한 번 가지 않았다. 촬영장에 다녀보니 연기하는 일이 보통 힘든 일이 아니었다. 추운 날씨에 강물에 빠져야 할 때도 있고 연기 못한다고 감독에게 불려가 눈물이 쏙 빠지도록 혼이 나기도 했다. 그런 모습을 지켜보니 한 푼이라도 마음대로 쓸 수가 없었다. 자식들이 어떻게 번 돈인데 백화점 가서 비싼 옷을 사 입나 싶어 있는 옷을 대충 입고 다녔다. 이런 내 모습을 보고 하루는 코디가 "어머니도 이제 멋을 부리셔야 해요" 하면서 옷을 협찬받아다 주기 시작했다.
　진실이도 돈을 무척 아껴썼다. 나에게 꼬박꼬박 용돈을 받아썼는데, 어쩌다 10만 원을 지갑에 넣어주면 이렇게 큰돈은 필요없다고 했다. 어느 날 지갑을 열어보면 쓰라고 준 돈 10만 원이 고스란히 들어 있었다. 촬영장 가서 김밥 같은 걸로 끼니를 때우기도 바쁘니 돈을 쓸 시간조차 없어 보였다. 진영이는 진영이대로 그간 엄마 고생했다며 여행 다녀오라고 용돈을 주곤 했다. 내가 보기에도 더없는 효자 효녀였다.

"내가 자식을 낳아보니까 엄마 마음 알 것 같아. 내 자식이 이렇게 귀하고 예쁜데…… 보고만 있어도 닳을까 봐 너무 아까운데…… 엄마가 우리 두고 어디로 도망 못 간 그 심정 조금은 알 것 같아. 그게 너무 고맙고 미안하고 그래. 엄마. 나 같으면 엄마처럼 못 살았을 거야. 엄마가 포장마차 끌 때 모른 척 도망가서 미안해. 그땐 내가 참 철이 없었어."

어느 날 밤, 맥주잔을 앞에 두고 진실이와 이야기를 나누는데 어릴 적 이야기가 나왔다.

"엄마는 다 이해해. 엄마라도 부끄럽고 창피하고 그랬을 거야."

"아니야. 그래도 내가 엄마한테 잘못한 거야. 그 무거운 걸 끌고 가는데 창피하다고 나 혼자 도망갔잖아. 내 모습 보고 엄마가 얼마나 속이 상했을까. 그때 일이 떠오르면 많이 미안해져. 내가 좀더 성숙했더라면 좋았을 텐데. 나는 남편도 있고 일 도와주는 아주머니도 계시고, 그런데도 몸이 고되고 힘든데 혼자서 아이 둘을 키운 엄마는 어땠을까. 앞으로 내가 엄마에게 더 잘해야 할 것 같아. 엄마가 우리 키워준 빚 다 갚으려면 말야."

여자가 아이를 낳으면 철이 든다더니 진실이도 예외는 아니었다.

사랑하는 엄마에게.

엄마! 어버이날이네!!
결혼전에는 엄마가 어버이날이라구, 몇 칠전부터
노래를 불러주워 몇 들은척, 무신경이었는데.
결혼하고 나니까 어버이날이 특별하게 느껴지네.
딸들은.. 결혼 이후에.. 엄마한테 더 잘하다함아
.. 엄마 텅 빈 집에서 많이 외롭지?
진영이 나쁜놈은 엄마 외롭지 않게 집에 좀
들어 와 있지 정말 미워 죽겠어.
나. 엄본에 와서 엄마랑 하루로 빼놓지 않구 통화하는
맛으로 살잖아. 엄마. 거응은 좀 외롭겠지만
3월만 기다려. 8월에 재영유 외출구가 생길때
엄마는 우리 아가 돌보느라 묵거 바쁠거야. ㅎㅎ.
엄마, 어쨌든 어버이날, 엄마 복많이 따님이구
그리고, 아들, 사위가.. 엄마 갔거 있을거
사 가지시래— 줄지?

2001. 어버이날
딸. 진보 드림.

"엄마 텅 빈 집에서 많이 외롭지?
진영이 나쁜 놈은 엄마 외롭지 않게
집에 좀 들어와 있지
정말 미워 죽겠어."

환희를 낳고부터 부쩍 어른이 되어갔다. 남편이 있어도 평생을 외롭게 살아온 엄마의 모습이 안쓰럽게 느껴졌던 모양이다.

나도 갱년기가 찾아오는지 외로움이 깊어지던 시기였다. 인생이 덧없고 하루하루 쓸쓸함이 더해갔다. 자식들도 자식들의 삶이 있는데 더 이상 내 걱정을 하게 하거나 의지만 해서는 안 된다는 생각도 들었다.

하지만 이런 내 마음이 몹시 한가로운 푸념이 되어버렸고 아이들은 내 곁을 떠났다. 변변한 헤어짐의 인사도 없이 멀리 가버렸다. 아무리 힘들어도 세 식구가 똘똘 뭉쳐 험한 세상을 헤쳐나가자고 약속해놓고, 엄마만 두고서 저희만 편하겠다고……

너희만 멀리 가니 편안하냐고, 남겨진 엄마의 슬픔은 왜 헤아리지 못했느냐고 나는 가끔 허공에 대고 원망의 말을 쏟아붓는다. 그때마다 두 아이가 "엄마, 미안해"라고 말하는 것 같다. 너희도 너무 힘들어서 그런 선택을 했겠지. 하지만 그래서는 안 되었던 거라고 화를 내다가 깜박 잠이 들면 어느새 날이 밝아 있다. 그러면 또 하루가 버겁다. 하지만 눈에 넣어도 아프지 않은 귀한 이 아이들을 지켜주자고, 손자손녀가 다 클 때까지 힘을 내자고 다짐한다.

사랑이라는 그 몹쓸 열병

지금 되돌아봐도, 1990년대에 진실이와 진영이는 대한민국에서 제일 유명한 남매였다. 진실이는 배우로 진영이는 가수로 대중들에게 사랑을 많이 받았다. 아침에 현관에 나가면 각종 신문이 쌓여 있었는데, 그 신문에서 종종 우리 아이들 얼굴을 볼 수 있었다. 그런데, 어느 날부턴가 연예면을 보려고 스포츠신문을 펼치면 연일 요미우리의 조성민에 관한 기사가 대문짝만 하게 실려 있었다.

그러다 한 TV 프로그램을 통해 진실이와 성민이가 만나게 되었다. 그때의 인연으로 둘은 서로 좋은 감정을 갖게 된 모양이다. 처음 환희 아빠가 우리집을 방문했을 때가 기억된다. 훤칠하게 큰 미남이 문 앞에 서 있으니 주위가 다 환했다.

"진실아, 어제 온 그 친구가 야구선수 조성민이니?"

"응, 엄마."

"젊은 친구가 환한 보름달 같더라. 어찌 그리 훤할까."

둘이 알게 된 지 한 달 정도 지났을까. 주말이 되면 새벽 첫 비행기를 타고 조성민이 우리집에 나타났다. 마스크와 가발과 안경으로 얼굴을 가리고 나타난 모습이 너무 기막히고 우스워서 돌아가란 소리도 못했다.

"누나, 배고파서 밥 얻어먹으러 왔어요."

잘생긴 사람이 곰살맞기까지 하니 밉지 않았다. 하루종일 집에서 밥 주면 밥 먹고 옥상에 올라가 둘이 놀았다.

당시 내 취미는 화초를 가꾸는 일이었다. 그래서 집 옥상에 커다란 정원을 만들어 500여 종의 야생화를 심어놓고 그 녀석들 키우기에 흠뻑 빠져 살았다. 옥상에 올라가면 천상의 화원이라는 말이 무색하지 않을 정도로 온갖 꽃이 피어 아름다운 자태를 뽐냈다.

일제히 만발한 꽃밭에 앉아 두 아이는 형형색색 어여쁜 꽃들의 잔치를 즐겼다. 가만히 보니 언제부턴가 둘이 연애를 하는지 분위기가 심상치 않았다.

"진실아, 성민이는 안 돼. 너보다 어린 것도 그렇고 엄만 맘에 걸리는 게 많아."

"알아, 엄마. 그냥 의남매 맺은 거야."

"앞으로는 만나지 마. 넌 연예인인데 이런저런 소문 나는 거 안 좋아."

다른 사람의 눈을 피해 조성민이 우리 집에 놀러오는 날엔,
두 사람은 내가 공들여 가꿔온 옥상 정원에서 데이트를 하곤 했다.

"걱정하지 마요. 알아서 잘할게."

말은 그렇게 했어도 계속 전화가 오니 몇 번 받기도 하고 밖에 나가 따로 만나는 것 같았다.

"엄마, 성민이가 날 누나가 아닌 여자로 좋아하는 것 같아."

진실이 마음도 서서히 연애감정으로 흐르는 모양이었다.

"안 돼. 앞으론 집으로 못 오게 해. 나이 차이가 너무 나잖아."

"알았어."

하지만 사람 마음이 뜻대로 되지 않는다고, 이후에도 둘은 계속 만나는 것 같았다. 조성민 집에서도 연예인을 만난다고 어른들이 크게 화를 내셨다고 한다. 의남매 맺기로 했으면 그렇게 지내야지 다른 감정은 안 된다고 어른들이 적극 반대하기 시작했다. 그러다 보니 나도 더 강경한 입장을 취하게 되었다.

"저쪽 집에서도 반대가 심하다고 들었는데, 앞으로 절대 성민이 전화 받지 마. 어른들 눈 피해 만날 생각도 하지 말고."

진실이도 고민이 되는 눈치였다. 양가가 반대하는 만남을 계속하는 것은 당사자들에게 여러모로 불행한 일이었다. 더구나 나는 부모 된 입장에서 저쪽 집안의 반대가 이해가 안 되는 것이 아니었다.

"진실아, 네가 아무리 대한민국 스타여도 조성민하고는 안 돼. 지금 일본에서 승승장구하고 있는 젊은 선수고 앞으로도 그럴 텐데, 당연히 아내가 집에서 열심히 내조해주길 바라는 게 부모 마음이야. 그러기엔 네가 너무 바쁜 직업을 가졌어. 저쪽 집안도 그렇고, 어른들이 반대를 할 때는 다 그만한 이유가 있는 거야. 양쪽 집안에서 축복하는 결혼을 해도 살다 보면 문제가 생기는데 반대하는 결혼을 해서 어떻게 하려고 그러니?"

"그렇지, 엄마?"

"지금은 속상하겠지만 엄마 말 들어. 안 되는 건 빨리 마음을 접는 게 좋아."

이때부터 진실이는 간신히 마음을 돌렸다. 그런데 며칠 후 일본에서 전화가 걸려왔다. 전화를 받으려고 하는 걸 못 받게 했는데 벨이 계속 울렸다. 이 밤중에 무슨 일인가 싶어 어쩔 수 없이 받게 했다. 전화를 건 사람은 조성민의 매니저였다.

"진실 씨, 지금 큰일 났어요. 성민 씨가 약을 먹었어요."

매니저의 말소리가 수화기 너머 내게까지 들려왔다. 진실이는 그 말을 듣고 손을 부들부들 떨기 시작했다. 전화를 끊고도 계속 덜덜 떨면서 "어쩌지? 어쩌지?" 혼잣말을 했다.

"엄마, 그 사람 죽는 거 아니겠지? 죽으면 안 되는데……."

진실이는 눈물을 쏟으며 정신을 못 차렸다. 잠시 뒤 다시 전화가 걸려왔다. 약을 100알 정도 먹었는데 병원에 가서 위세척을 한 뒤 겨우 깨어났다는 내용이었다. 약을 먹은 게 알려지면 요미우리에서 바로 퇴출당하니 감기약을 너무 많이 먹은 거라고 얘기하고 병원으로 갔다고 했다.

"내가 뭐라고, 내가 뭐라고 약을 먹었을까. 유명한 야구선수가 내가 뭐라고, 난 아무것도 아닌데…….”

진실이는 계속 눈물을 흘렸다. 조성민이 안정을 찾았다는 소식을 듣고서야 우리 가족은 숨을 돌릴 수 있었다. 진실이를 옆에서 지켜보는 내 심정은 말할 수 없이 조마조마했다. 엄마로서 어떤 충고를 해줘야 할지 걱정스러웠다.

그날 밤엔 마음이 심란해 한숨도 자지 못하고 뜬눈으로 밤을 지새울 수밖에 없었다. 남의 집 귀한 자식이 내 자식을 좋아해 저렇게 되었다는데 마음이 편할 리 없었다.

며칠 뒤 다시 전화가 걸려왔다. 부모님이 급하게 일본으로 건너가 병원을 찾았는데 조성민이 병실에 못 들어오게 한다는 내용이었다. 어쩔 수 없이 부모님이 하루 종일 바깥에서 기다리고 계신다고 했다. 최진실과의 결혼을 반대하는 한 부모님도 만나기 싫고 결혼 못하면 죽어버리겠다고 하니 아버지는 더욱 화가 나셔서 절대 결혼을 허락할 수 없다며 버티시고 어머니는 눈물만 흘리신다고 했다. 조성민이 어린아이처럼 막무가내로 고집을 부리고 있다는 말을 듣고 내 입에서는 한숨이 새어나왔다.

열병이었다. 젊은 날 겪어야 할 사랑의 열병이 둘 사이에 일어난 것이었다. 나도 젊은 시절 그 병을 앓아보았으니 얼마나 무서운 병인지 잘 알고 있었다. 그러니 더더욱 걱정이 되었다. 아무리 생각해도 모두가 반대하는 결혼이니 아이들이 이성을 찾아주었으면 했다.

어느 부모가 자식이 첩첩산중의 험난한 길을 가겠다는데 눈뜬장님처럼 가만히 지켜보고만 있겠는가. 나는 애가 탔다. 매니저에게 다시 전화가 걸려왔다. 진실이에게 한 번 일본에 다녀가라는 부탁의 전화였다. 안 그러면 조성민이 다시 약을 먹겠다고 했다니 진실이는 또 안절부절못하며 애를 태웠다. 나는 나대로 속이 탔지만, 진실이를 일본으로 보내는 일이 영 내키지 않았다. 급한 마음에 누군가에게 이 답답한 상황을 좀 물어보고 싶은 마음까지 들었다. 내 신앙 때문에 그런 곳에 간다는 게 내키지 않았지만 딸 혼사에 관한 문제이다 보니 마음이 흔들렸다.

이모와 송추 어디쯤에 있다는 절을 찾아갔다. 조용한 암자에 스님 한 분이 계셨다. 먼저 스님께 인사를 드렸다.

"스님, 저희 딸이 결혼을 하려고 하는데 좋은지 나쁜지 한번 봐주세요."

"잘못 찾아오셨소. 나 그런 거 안 보는 사람이야."

"스님, 먼 길 왔는데 그냥 가기도 아쉽고 한 번만 부탁드릴게요."

여러 번 간청을 하니 이름이나 대보라고 하셨다. 스님은 뭔가를 쓰시다가 대뜸 한마디 툭 던지셨다.

"결혼은 뭣 때문에 하려고 그래? 그냥 혼자 살라고 해."

짧은 침묵이 흐른 후 다시 말이 이어졌다.

"이 아가씨는 대한민국 총각들이 다 애인이고 남편이야. 결혼 안 하고 혼자 사는 게 더 편해. 결혼하지 말라고 해."

스님은 몇 번이나 결혼하지 말라고 당부를 하셨다. 그 말을 듣고 내려오는데 마음이 내내 찜찜했다. 나는 집에 와서 진실이를 붙잡고 또 만류하기 시작했다.

"진실아, 엄마가 큰맘 먹고 어디 가서 뭘 좀 물어보고 왔는데 넌 결혼 안 하는 게 좋대."

"엄마, 왜 그런 데를 찾아다니고 그래."

"네가 생각하는 그런 점집 아냐. 너무 답답하니까, 애가 타서 갔어. 누가 어느 스님이 가끔 그런 말씀을 해준다기에…… 넌 결혼 안 하고 혼자 살아도 좋고 결혼을 해도 늦게 하는 게 좋대."

"엄마, 나 피곤해. 그런 말 듣기 싫어."

진실이는 나날이 수척해졌다. 그 심정을 이해 못하는 건 아니었지만 내 속을 썩이는 딸이 미웠다. 그러나 미운 마음은 얼마 가지 않았다. 촬영 갔다 오면 힘들어 혼자 방 안에 웅크리고 앉아 있는 모습이 외롭고 슬퍼 보였다. 누군가 곁에 있어 저 아이를 위로하고 따스하게 감싸줄 수 있다면 좋을 텐데 하는 마음이 굴뚝같았다.

아무리 많은 사람에게 사랑을 받아도 정작 곁에 기댈 사람이 없다는 건 고독한 일이다. 더구나 대중의 인기란 물거품 같은 것이어서 어느 날은 환호로 가득 찼다가도 어느 날은 그 인기가 싸늘하게 식으니, 연예인이란 직업은 늘 불안할 수밖에 없다. 의지할 곳 없이 지금까지 가족을 위해 잘 버텨준 것만도 고마운데, 나이가 꽉 차 결혼하고 싶다는 걸 안 된다고 반대하려니 가슴이 몹시 아팠다.

결혼, 그리고 너무도 아픈 실망

하루하루 살얼음판을 걷는 것처럼 조심스러운 날들이었다.
"딸 단속을 어떻게 하시는 겁니까? 성민이와는 안 되니 그리 아세요!"
남자 집안의 반대가 거셌다. 어느 집이나 자기 자식이 제일 귀하게 느껴지는 것은 인지상정이었다.
"앞날이 창창한 내 아들입니다. 내조도 못할 것 같은 연예인과 결혼시킬 수는 없습니다."
"네, 아버님 뜻 알겠습니다. 저도 이 결혼 찬성하지 않습니다."
내 딸에게 무슨 큰 문제가 있는 것도 아니고, 나는 점점 기분이 언짢아졌다. 진실이도 어디 내놓으면 빠지는 신붓감은 아니었다. 내 딸이지만 야무지고 똑소리 나게 요리도 잘했다. 살림을 못할 아이가 아니었다.

"진실아, 엄마 속상해서 이 결혼은 못 시키겠다. 마음 접어."

날마다 진실이를 붙잡고 야단을 쳤다. 하지만 젊은 애들이 사랑에 빠지니 어떤 말도 소용이 없었다.

"어머님, 진실이와의 결혼을 허락해주세요."

애가 탄 조성민은 내게 편지도 보내고 전화도 걸어 사정을 했다.

"왜 결혼을 반대하세요? 저희 잘살게요. 허락해주세요."

내가 끝까지 안 된다고 하자 조성민은 크게 상심했고, 그러다 일본에서 약을 먹는 사건이 발생한 것이다. 이 일로 양가 어른들은 두 손 두 발 다 들어버렸다. 결국 조성민의 어머니께서 결혼식을 올리면 어떻겠냐는 의견을 전해오셨다. 나도 지쳐 있던 터라 차라리 빨리 결혼식을 올리고 큰 짐을 하나 덜자는 생각이 들었다.

"너희들 뜻대로 해. 하지만 어른들 걱정시키고 하는 결혼인 만큼 책임감 갖고 잘살아야 돼."

"와, 엄마 멋지다. 엄마, 고마워요!"

간신히 마음을 열었는데 이번에는 진영이가 반대를 하고 나섰다.

"엄마, 난 누나 결혼 반대야. 이렇게 덥석 결혼하는 게 어딨어? 저쪽 집안 반대도 심하고, 난 싫어. 누나가 뭐가 모자라서 반대하는 결혼을 해."

한창 활발하게 가수활동을 하던 때라 바빴을 텐데도 진영이는 누나 걱정을 많이 했다. 늦게 집에 들어와 밥을 먹으면서도 누나가 마음을 돌리면 좋겠다고 말을 하곤 했다.

"진영아, 누나의 선택도 존중해줘야 해. 엄마도 이 결혼이 좋은 것만은 아니야."

"엄마, 근데 내가 왜 이렇게 불안하지?"

진영이는 막상 누나가 결혼을 한다니 믿기지 않는 모양이었다.

"누나 없이 우리가 어떻게 살지? 난 정말 누나가 결혼 안 했으면 좋겠어."

이럴 때 보면 영락없는 아이 같았다.

"왜 못 살아? 그냥 이렇게 살면 되지."

진영이는 세 식구가 지금처럼 알콩달콩 살고 싶은데 누나가 빠진다고 생각하니 너무 섭섭하다고 했다. 상견례를 하고 본격적으로 결혼식 준비에 들어가니 진영이도 애써 마음을 돌려 누나의 결혼을 축하했다. 결혼식이 다가오자 청첩장 쓰는 것도 도와주고 나서서 발품도 팔아가며 준비를 도와줬다.

"엄마 말이 맞아. 이왕 결혼을 하려면 조성민처럼 멋진 사람이랑 해야지. 대한민국 최고의 야구선수 정도는 되어야 우리 누나랑 어울리지."

진영이는 누가 물어보지도 않은 말을 하며 혼자 너스레를 떨었다. 허전한 티를 그렇게라도 감추고 싶었던 것 같다.

진실이가 서른을 넘기면서 몇 차례 맞선 기회가 없었던 건 아니다. 무슨 준재벌이라는 사람도 소개받았고 검사니 판사니 하는 사람들을 만나보라는 주선도 들어왔다. 그러나 어쩌다 한 번 나가서 만나고 오면 마음에 안 든다는 소리만 했다. 그러고는 언제부터인가 그런 자리는 아예 나가지도 않았다.

"왜 맘에 안 들어? 직업도 좋고 사람도 좋다던데."

"공부만 하던 사람하고 답답해서 어떻게 살아. 내 직업도 이해 못 할 텐데. 나중에 성격차이로 이혼한다 그런 소리 하기 싫어."

2000년 12월 5일 드디어 진실이가 결혼을 했다. 결혼 전 진실이는 나와 진영이 앞에서 약속을 했다.

"엄마, 내가 시집간다고 슬퍼하지 마세요. 결혼해서 행복하게 사는 모습 보여줄게. 결혼해서도 엄마에게 잘할게."

진영이에게는 따로 용돈을 담아 내밀었다. 엄마를 잘 부탁한다면서 누나가 같이 안 살아도 허전해하지 말라고 당부의 말도 잊지 않았다. 사랑하는 사람과 결혼을 하니 저는 좋은데 엄마와 동생을 두고 떠나려니 미안했던 모양이다.

신혼집은 잠원동에 마련했다. 나는 진실이가 떠난 방을 그대로 두었다. 허전함 때문인지 무엇 하나 정리할 수가 없었다. 덮고 자던 이불이며 화장품까지 고스란히 놔두었는데, 어느 날 보니 진영이가 누나 방에 들어가 서 있었다. 누나가 쓰던 화장품이 아깝다며 얼굴에 바르기도 했다. 말로 표현은 안 해도 누나의 빈자리가 꽤 크게 느껴지는 눈치였다.

나도 저물녘만 되면 마음이 헛헛해 창가에 서서 먼 산을 바라보곤 했다. 그때는 지는 해만 봐도 눈물이 나왔다. 어렵사리 자식들을 다 키워놓고 나니 내 인생이 덧없고 부질없게 느껴지기도 했다. 부쩍 갱년기 증상이 잦았다.

딸이 훌륭한 신랑감을 만났으니 내 인생의 짐 하나는 덜었구나 싶다가도, 어렵게 살던 시절이며 고생고생하던 일 등이 떠오르면 알 수 없는 헛헛함이 밀려오곤 했다. 이제 곧 진영이도 장가보내고 나면 혼자 훌훌 어디로든 자유롭게 다녀야지 하고 다짐을 하기도 했다. 그나마 옥상에 올라가 야생화를 가꾸는 일이 더없는 기쁨이었다. 이 꽃들을 잘 가꿔 나중에 손자손녀에게 선물해야지 하며 흐뭇한 미소를 짓기도 했다.

결혼하고 얼마 지나지 않아 진실이가 임신했다는 소식을 알려왔다.

"너무너무 축하해. 엄만 정말 기뻐."

저희들이야 신혼을 더 즐길 수 없어 섭섭했겠지만 양가 어른들 입장은 달랐다. 어서 빨리 손주가 태어났으면 싶었다. 결혼 반대가 무색하게 둘은 잘 살고 있었다.

환희를 낳고 준희를 임신했을 때였는데, 내가 가끔 전화를 걸면 진실이의 목소리가 침울했다.

"환희 아빠 일찍 들어왔니?"

"요즘 새벽 두세 시에 들어와. 들어와서 이불 돌돌 말고 침대 끝에 가서 돌아누워 웅크리고 자. 내가 잠이 안 와서 뒤척이면 귀찮다는 듯이 화내고. 벌써 권태기가 왔나? 아이 낳은 지 얼마 안 됐는데 그렇진 않겠지? 내가 쓸데없이 의심하고 그러는 걸 거야."

나는 딱히 해줄 말이 없어 듣기만 했다.

"내일모레 진영이 생일날 같이 와. 맛있는 거 해서 밥 먹자."

진영이 생일날 11시쯤 환희 아빠가 왔다. 점심을 먹으려고 하는데 한마디도 말이 없었다. 진실이가 눈치를 보며 반찬도 밀어주고 밥도 챙겨주고 하는데도 별 말이 없었다. 커피 주면 커피 마시고 계속 무표정한 표정으로 앉아 있었다. 뭔가 불만이 가득해 보였다. 진실이는 계속해서 신랑 눈치를 보며 안절부절못했다.

"둘이 싸웠니?"

"아니, 안 싸웠어."

그 자리가 불편했는지 환희 아빠가 "저 볼일 있어서 가야 돼요" 하면서 자리에서 일어나 나가버렸다.

"무슨 일 있어?"

"엄마, 나 속상해. 운동 간다고 나가면서 핸드폰을 두고 나갔는데, 진동이 계속 울리길래 봤더니 '자기야, 뭐 해? 몇 시쯤 나올 거야?'라고 찍혀 있잖아. 핸드폰을 제자리에 갖다두려는데 환희 아빠가 들어와서 너는 남편 핸드폰까지 조사하냐면서 싹 빼앗아 나가더라구. 다시 집에 들어온 그 사람 세수하고 나올 때까지 기다리다가 아침밥 먹고, 자기야 하는 사람이 누구냐고 물었더니 사업 때문에 만나는 사람이래."

 그 소리를 듣는데, 평생 남편 바람피우는 걸 본 것도 모자라 이제 사위 바람피우는 것까지 보나 싶어 속이 말이 아니었다.

 "진실아, 우선 환희 아빠 말을 믿고 너는 태교에만 신경 써. 임신한 사람이 자꾸 나쁜 생각하면 안 돼."

 말은 그렇게 했어도 직감적으로 느껴지는 게 있었다. 그래도 입 밖으로 꺼내 말을 할 수 없었다. 왜 이런 일이 일어났는지 그저 참담했다. 밥을 먹고 있어도 밥을 먹는 것 같지 않았다. 임신 때문에 더 예민해진 진실이는 하루가 다르게 야위어갔다. 부부가 살다 보면 이런저런 일이 있기 마련이라고 위로 아닌 위로를 했다. 하지만 사위에 대한 원망의 마음이 불길처럼 일었다. 이 결혼은 안 된다고 반대하고 못 만나게 했는데도 결혼만 허락하면 정말 잘살겠다고, 아끼고 보살펴가며 평생 소중한 사람으로 지켜주겠다고 약속해서 어렵게 승낙한 결혼이었다. 그런 사람이 이렇게 빨리 마음이 식다니, 그 배신감은 이루 말할 수 없었다.

 그날 밤에 자려고 하는데 진실이가 누군가의 연락을 받고 집을 뛰쳐나가려고 했다.

 "이 밤중에 어디 가려는 거야?"

 "엄마, 나 급하게 가볼 데가 있어."

 허둥지둥하는 것이 제정신이 아니었다.

진실이를 혼자 보내면 안 될 것 같아 따라나섰다.

"잘못 안 걸 거야. 집으로 돌아가자."

"환희 아빠 차가 있는지만 보고 올게요."

진실이는 두 사람이 함께 있다는 건물 주차장으로 들어갔고, 그곳에서 환희 아빠 차를 발견했다.

"어떡해. 어떡해, 엄마."

진실이는 어린애처럼 타이어를 끌어안고 통곡을 하기 시작했다. 임신을 해서 가뜩이나 감정이 예민한 상태였다.

"그만 울어. 이제 집에 돌아가자. 환희 아빠 들어오면 그때 자초지종을 들어보자."

"어떡하지. 어떻게 이런 일이 일어날 수 있지? 나, 그 사람이랑 같이 돌아갈래. 그 사람 좀 불러줘요."

진실이는 손을 벌벌 떨며 남편에게 전화를 걸었다.

"자기 있는 곳 알아. 여기 기자들이 다 와 있으니 어서 나와요."

어떻게든 신랑을 데리고 나오고 싶어 거짓말을 한 것인데, 이 일이 환희 아빠를 자극했다.

"넌 남편도 못 믿고 꽁무니를 쫓아다니니? 사업 파트너로 만나는 사람이 있다고 했잖아."

이성을 잃은 환희 아빠는 다음 날 바로 기자회견을 열었다. 회견 내용은 입에 담기 힘들 정도로 상대에 대한 비난 일색이었다. 저희들끼리 좋다고 한 결혼, 끝내더라도 가급적 서로 상처가 덜 되는 쪽으로 해결해야 하는데, 둘 다 모든 상황을 감정적으로 대처하고 있었다. 나 또한 딸의 이혼에 대해서는 냉정하게 판단하기가 어려웠다.

　나는 사위가 어떻게든 마음을 돌려주었으면 싶었다. 아직 늦지 않았으니 상대방에게 불만이 있으면 차근차근 대화로 풀고 아이도 있으니 마음 잡고 다시 시작하면 되지 않겠느냐고 다독이고 싶었다.

　"엄마, 난 어떤 상황이 와도 이혼은 안 할 거야. 아이들 있는데 그럴 순 없어…… 아빠 없이 크는 설움이 어떤 건지 내가 누구보다 잘 알잖아."

　"그래, 사람은 누구나 실수를 하는 거니까. 마음 돌리도록 노력해보자. 저러다 보면 언젠가는 잘못을 깨닫고 돌아올 거야."

　기자회견이다 뭐다 하며 난리가 난 통에도 진실이는 이혼만은 안 할 거라고 했다. 시꺼멓게 탄 속이 얼굴에도 고스란히 드러나 여배우의 얼굴이라고 하기에는 형편없을 만큼 초췌했다. 나는 딸에게 어떤 위로의 말을 건네야 할지 몰라 손만 잡고 앉아 있었다. 이 순간엔 아무 말도 도움이 되지 못한다는 것을 잘 알고 있었다. 내 가슴이 이토록 아픈데 임신 와중에 험한 일을 겪는 저 아이 심정은 어떨까, 가슴이 미어졌다.

엄마, 사람들이 무서워

화면에 비춰지는 진실이의 야무진 이미지와는 다르게 내 딸은 어릴 때부터 겁이 많은 아이였다. 사람들은 똑소리 나는 또순이 같은 이미지로 진실이를 기억하지만, 진실이는 나를 닮아 소심하고 겁이 많았다. 주위 사람들도 잘 몰랐겠지만, 진실이는 아주 내성적인 구석이 많았다. 걱정이 있으면 혼자 끌어안고 몇 날 며칠을 고민했다. 닮지 않았으면 하는 내 성격을 고스란히 물려받은 것이다.

연예계 생활을 하면서 진실이는 여러 차례 힘든 일을 겪었다. 그중 한 가지는 끊임없이 나타나는 스토커들이었다. 여배우들 주위에는 이런 사람들이 꼭 있기 마련이다. 난데없이 벌어지는 돌출상황을 몇 차례 겪으면서 진실이는 더더욱 겁이 많아졌다. 이사간 집에는 자물쇠를 대여섯 개씩 달았다. 집에 있을 때는 문단속을 철저히 했다. 그러고도 심하게 바람이라도 불어 창문이 흔들리면 무섭다고 얼굴이 새파랗게 질려 내 방으로 건너오곤 했다.

촬영이 끝나고 피곤한 몸을 이끌고 와서 자고 있는 모습을 보면 가슴 한쪽에 스산한 바람이 불었다. 한 줌도 안 되는 몸을 웅크리고 자고 있는 모습이 한없이 가엾어 보였다.

어릴 때는 겁없이 연예인 생활을 시작했지만 한 해 두 해 지날수록 대중의 사랑을 받는 여배우로 살기 위해서 감내해야 할 비용이 얼마나 큰지 새삼 알아가고 있었다. 모든 배우가 그렇겠지만 특히 여배우는 사생활을 거의 보호받지 못하고 아주 작은 일도 크게 부풀려져 일거수일투족이 관심의 대상이 되었다. 새장 속의 새가 따로 없었다. 진실이는 이런 점에 개의치 않으려고 했지만 그래도 세간의 이목을 아주 무시할 수는 없었다. 늦은 나이까지 연애도 자유롭게 할 수 없었고, 혼자 훌쩍 여행을 떠나고 싶어도 나서기가 쉽지 않았다.

게다가 톱스타의 자리는 언제 추락할지 모르는 위험한 자리이기 때문에 부단한 노력과 자기관리가 요구되었다. 옆에서 지켜보면 진실이는 악바리라고 불릴 만큼 약한 모습이나 힘든 기색은 보이지 않으려고 노력했다. 그렇게 하는 것만이 자신을 지키는 길이라고 믿고 있었다. 그리고 결혼 전까지는 그런 모습을 잘 유지했다. 그러나 본격적으로 이혼 얘기가 오가면서 그간 힘들게 지탱해온 삶이 한꺼번에 무너지는 것처럼 고통스러워했다.

진실이는 아무리 힘든 상황이 와도 아이들을 위해서 이혼은 할 수 없다는 입장이었다. 절대 그 뜻을 굽히지 않으려고 했다.

준희를 임신해 5~6개월쯤 되었을 때 처음 환희 아빠 입에서 이혼 이야기가 나왔다. 그때 진실이의 눈빛은 두려움에 가득 차 있었다. 하늘이 무너지는 것 같은 표정으로 나를 바라보던 딸의 모습을 지금도 잊을 수 없다. 그 모습을 보면서도 엄마로서 내가 해줄 수 있는 게 아무것도 없다는 사실이 가슴 아팠다. 무슨 말을 해줘야 할지 몰라 그저 손을 꼭 잡고 어떡하니, 어떻게 해야 되겠니 하며 나도 걷잡을 수 없이 슬펐다. 아무리 경제적 능력이 있어도 이 험한 세상을 여자 혼자 두 아이를 데리고 살아간다는 것은 무섭고 막막한 일이었다. 아빠 없이 커가는 아이들을 잘 지킬 수 있을까, 아이들이 나를 원망하지는 않을까, 수만 가지 걱정과 두려움이 생기기 마련이다.

"엄마, 만약에 내가 이혼을 하면 이 아이들 데리고 잘 살아갈 수 있을까?"

나도 아이를 둘 데리고 힘들게 살았기에 내 딸만큼은, 하나밖에 없는 내 딸만큼은 남들 사는 것처럼 번듯하게 남편도 있고, 자식도 있고 그렇게 살기를 누구보다 간절히 바랐다. 내 딸이 나와 똑같은 삶을 산다는 것은 상상조차 하기 싫었다. 이혼 이야기가 오고갈 때마다 왜 이런 불행이 닥쳤을까, 이 고비를 어떻게 넘겨야 하나 곱씹어가며 하루하루 불안한 심정이었다. 매일 기자들

VENERDÌ / FRIDAY
22
FEBBRAIO / FEBRUARY

약롱같던 시간들이 어느덧 3개월을 지나고 있다.
12월 18일, 그 남자의 이혼기자회견을 시작으로, 각종 언론사의 시달림,
일방적인

시댁식구들에 대한 배신감, 결핏하면 기자회견을 통해
국민들에게 일부밝히듯 미국양고있을 얘기하던 그 사람에 대한
미움, … 정말, 생각도 하기 싫은 3개월이었다.
그 시간동안에 시간은 흘러 난 예쁜 딸을 순산했고, 아만두 몸
죽을맘없이 아이를 낳은 고통을 맛봐야했다.
지금도 그 사람은 뜬금없이 찾아와 이혼을 요구한다.
이제 수민이를 낳을지 울리는 얼마전 다녀가 12월말기
찾아와 이혼을 요구하였다.
그 사람과 대화를 나누다 보면, 참 어의없는 이유들을 들기까며
이혼을 요구한다. 통선할수없다.
꼭 내 목숨이 다 하는 날까지 그 남자를 저주하며
살것이다. 아빠라는 존재를 모르고, 아빠의 사랑없이
자라야 되는 우리 효희와 수민이를 생각하면, 그냥
눈물이 흐른다.
난 아이들을 위해, 우리 엄마가 진영이다 나만을 위해
살았던것처럼, 나두 우리 아이들만 위해 살것이다.
넘고듯이....
나쁜놈. 나와의 인연이 고작 이것밖에는 일월거리면서
월 22공개 결혼하자라고 난리를 따았을까?..

수민아, 효희야.
엄마가 너희들에게 정말 미안한 점은
아빠를 지켜주지 못한점이다. 지금 또 우리끼리

> "아빠라는 존재를 모르고,
> 아빠의 사랑 없이 자라야 되는
> 우리 환희와 수민이를 생각하면
> 그냥 눈물이 흐른다.
> 난 아이들을 위해 우리 엄마가
> 진영이와 나만을 위해 살았던 것처럼
> 나도 우리 아이들만 위해 살 것이다.
> 보란 듯이…
> 나쁜 놈, 나와의 인연이 고작 이것밖에는
> 안 될 거면서 뭘 그렇게 결혼하자고
> 난리를 피웠을까?"

이 밖에서 진을 치고 있으니 문밖으로 나가는 것도 겁이 났다. 집 안에 갇혀서 꼼짝도 못하고 감옥살이를 해야 하는 시간이었다.

임신한 배는 점점 불러오는데 3일이 멀다 하고 언론을 통해 진실이에 관한 안 좋은 기사가 흘러나왔다. 누구를 붙잡고 말도 못하고 진실이는 계속 울기만 했다.

"미안해, 엄마는 너에게 이혼해라 이혼하지 말아라 그런 말은 못하겠어. 그러니 네가 잘 판단해."

나는 이혼 문제를 두고 어떤 말도 섣불리 할 수 없었다. 어떤 선택이든 하늘이 두 쪽 나는 것처럼 고통스러울 것이라는 것을 너무도 잘 알고 있었기 때문이다. 진실이의 이혼 문제를 두고 연일 언론에서 중계를 하니 나는 집에 오는 모든 잡지와 신문을 끊어버렸다. 진실이가 괴로워하니 TV도 못 보게 했다. 둘째 준희를 낳을 때까지 진실이는 산부인과에 가는 일이 아니면 문밖으로 나가지 못했다. 목욕조차 갈 수 없었다. 무엇을 바라고 그러는 것인지, 기자들이 늘 집 주위를 배회하고 있었으니 그야말로 감옥에 갇힌 형국이었다.

누구의 잘잘못을 가리기도 전에 언론은 진실이를 매섭게 질타했다. 사실 여부를 확인하지 않은 추측성 기사도 쏟아졌다. 사람들이 가십을 원하니 연예부 기자들도 그에 맞춰 기사를 써댔다.

"엄마, 내가 지금 나쁜 꿈을 꾸고 있는 거지?"

"그래, 그러니 좀 쉬어."

진실이가 임산부임이 전혀 배려되지 않는 현실이 나는 너무나

야속했다. 더구나 진실이가 바람을 피워서 임신을 했다는 말까지 나
돈다는 소리를 듣고는 할 말을 잃었다. 말을 전하는 사람도 내 표정
을 보고는 더 이상 말을 잇지 못했다. 태어나지도 않은 한 생명을 두
고 아빠가 다르다는 말을 하는 것은 끔찍한 일이었다. 딸이 대중의
관심을 받는 유명 연예인이고, 연예인의 사생활이 전혀 보호받
지 못하는 현실을 감안하더라도, 사람들의 관심이나 악의적 소
문은 도를 넘어서고 있었다. 세상에는 할 말이 있고 하지 말아
야 할 말이 있을 터인데 아이를 가진 엄마에게 사람들은 잔인
한 말을 너무 아무렇지도 않게 내뱉고 있었다. 그동안에도 산달
은 다가왔고 우리 가족의 극심한 고통은 매일매일 더해갔다.

 소문은 꼬리에 꼬리를 물고 이어졌다. 진실 여부와는 상관없이,
드라마를 시청하는 것처럼 한 여배우의 사생활을 흥미롭게 지켜보는
시선들이 따갑게 느껴졌다. 우리 가족은 톱스타의 가족에서 한순간
에 죄인의 신세가 되었다. 임신한 여자가 담배를 피웠다, 너무 사치
스러워서 똑같은 옷을 몇 벌씩 산다, 어디 가서 행패를 부렸다, 내조는
하나도 안 했다 등등 연일 신문에 오르내리는 말들이 가슴을 후벼팠
다. 결국 엄마인 나까지 대인기피증에 걸렸다. 어디에다 무슨 말을 해
야 할지 속수무책이었다. 그저 막막하고 초라한 심정이었다.

 아이를 낳을 때가 돼서 병원에 가야 하는데 또 기자들이 진을
치고 있을 것을 생각하니 그 병원에 피해를 주는 일이 될 것 같았다.

진실이만 아이를 낳는 것도 아니고 다른 산모들도 있는데 그분들에게 피해를 줄 수는 없었다. 그래서 환희를 낳은 호산병원을 포기하고 다른 병원을 알아보기 시작했다. 누가 청담동의 한 병원을 소개해줘서 밤중에 짐을 싸 병원으로 향했다. 아이를 낳는 기쁜 날에 누구에게도 알리지 못하고 야반도주하듯이 병원을 찾는 심정을 어느 누가 이해할 수 있을까. 가족 외에는 그 아픈 마음을 모를 것이다. 아기를 낳고 3일 후에 퇴원을 하고 나오는데 병원 앞에 기자들이 몰려와 있었다. 아무리 연예인이라지만 그래도 사람인데 애 낳은 지 얼마 안 되는 어미를 저토록 괴롭힐 수 있나 싶어 속이 상했다. 여기저기서 카메라 플래시가 터지자 딸은 차 안으로 몸을 피한 뒤 어깨를 떨며 웅크리고 있었다. 그 상황이 악몽 같았다.

사람들은 죄인도 아닌데 왜 아이를 숨어서 낳느냐며 갖가지 추측들을 했다. 별의별 이상한 말들이 떠돌았다. 그로부터 3년간 우리 가족은 귀를 막고 살아야 했다.

이혼 과정에서 진실이는 끝없이 추락했다. 이 일로 내 가슴도 시커멓게 멍이 들어서, 사위가 평생을 내게 사죄를 한다 해도 그 원망 어린 마음이 쉽게 가시지 않을 것 같다. 아무리 기도를 해도 쉽게 용서가 되지 않지만, 그래도 아이들을 보면, 저렇게 예쁘고 착하게 잘 자라주는 아이들을 보면, 그래도 너희 아빤데, 귀한 내 손자손녀의 아빠인데 내가 마음 돌려 잘해야 한다고 요즘도 수십 번씩 마음을 다잡는다.

사람이 미운 게 아니라 죄가 밉다고, 사람이 한번 마음이 식으면 좋던 것도 싫다고 하는 법, 인생 살면서 그런 실수도 하는 거라고, 그때 뭐에 잘못 씌어서 큰 실수를 한 거라고, 그러니 이제 용서하자고 마음을 먹는다. 하지만 인간인지라 마음 돌리기가 어렵고 어려워서 지금도 환희 아빠를 보면 밉고 야속할 때가 있다.

하지만 환희 아빠를 끝까지 미워하기보다는 용서해야 한다. 손자와 손녀의 앞날을 생각하면 아빠가 곁에 있어주는 게 옳기 때문이다. 내 딸에게는 야속하게 했지만 환희와 준희에게는 어쩔 수 없는 피붙이다. 나에게, 그리고 저희들에게 그토록 모질게 굴던 아빠를 잊지 못하고 진실이와 진영이가 나 몰래 아빠를 찾아 용돈도 주고 차도 사주고, 건강하시냐고 묻기도 하던 모습을 보았을 때 한편으론 기가 막히면서도 또 한편으론 그래도 할 도리를 잊지 않는 모습에 감동을 받기도 했다.

외할머니가 죽으면 누가 이 아이들을 거둘까 생각하면 아빠와 할머니 할아버지밖에 없다. 그러니 지난 기억이 아무리 아파도 두 아이의 아빠를 모르는 척 냉대할 수는 없는 것이다. 그렇다고 모든 앙금이 다 사라진 것은 아니다. 다만 나도 이토록 노력하고 있으니 환희 아빠도 지난 아픈 과거 중 잘못한 것은 인정하고 새롭게 진심 어린 마음으로 아이들에게 아빠로서 잘해달라고 전하고 싶다. 내가 떠난 뒤에도 아빠라는 둥지가 있으니 아이들이 덜 외로울 거라고, 허허벌

판에 두 아이만 남겨놓게 되지 않아서 다행이라고…… 환희 어릴 때 세상에 저런 아빠가 또 있을까 싶게 잘하던 모습을 떠올리면 그나마 위안이 된다.

"어머니도 아시잖아요. 저 진실이 사랑했어요."

환희 아빠 말처럼 한때 둘이 뜨겁게 사랑했다는 것을 잘 알고 있다. 젊은 날엔 누구나 한 번쯤 열병을 치르는 것이다. 그랬던 만큼 사랑이 식은 뒤의 감정은 더 차가웠을 것이다.

'자네만 진실이를 사랑했던 게 아니야. 진실이는 이혼하고도 몇 년을 계속 기다렸어. 곁에서 보기에 미련해 보일 정도로. 내가 집착이라며 그러지 말라고 여러 번 화를 냈었네……'

속상한 마음에 이렇게 혼자 중얼거려보기도 한다. 그러나 다 부질없는 일이다. 이제 와서 사죄한들 사과를 받아줄 진실이는 이미 하늘나라로 떠났다.

젊은 날의 객기가 여러 사람을 힘들게 했다는 걸 이제는 환희 아빠도 알 것이다. 이 넓은 세상에 의지할 데라고는 할머니와 아빠밖에 없는 두 아이를 위해서라도 환희 아빠가 잘 살아줘야 한다고 나는 당부하고 싶다.

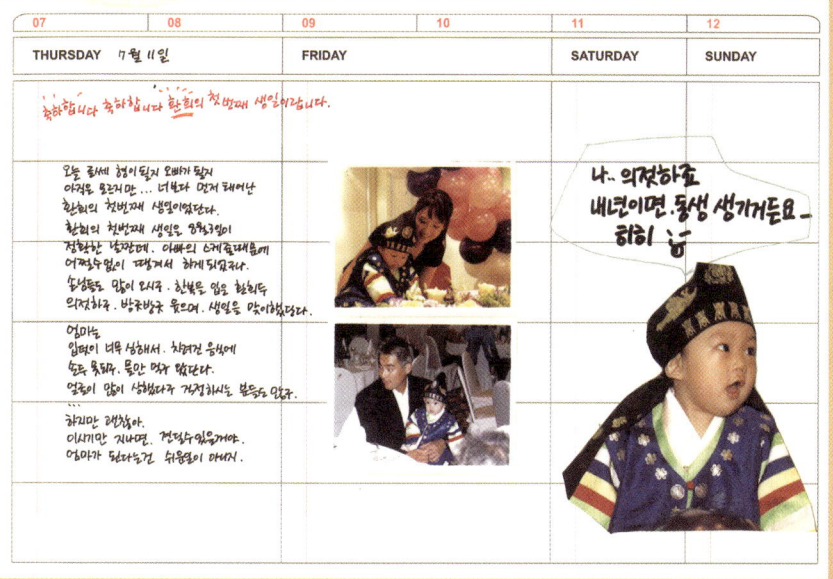

> 지금은 엄마나 아빠가
> 조금은 힘든 시기지만 너희들이 있기에
> 엄마, 아빠는 행복하단다.
> 아가야, 기억하렴.
> 꼭, 야구선수, 조성민을.

최진실 엄마가 사채를 했다며?

"엄마, 사람들이 나더러 사채업자라고 하네!"

홈페이지에 누가 자기를 사채업자라고 써놨다며 어느 날 진실이는 대수롭지 않게 이야기를 꺼냈다.

"내가 선희 남편에게 돈을 꿔줬대. 내가 돈이 많은 줄 아나 봐. 몇천만 원도 아니고 수십 억을 빌려줬대. 돈 없다고 하는 것보다야 낫지 뭐."

진실이가 별일 아니라는 듯 말하기에 나도 처음에는 특별히 신경을 쓰지 않았다.

"뭐라구? 밑도 끝도 없이 무슨 사채업자야?"

가깝게 지내며 아끼던 선희가 가슴 아픈 일을 겪자 진실이는 자기 일처럼 마음 아파했다. 본인이 너무 힘든 상황을 겪어봤기에 선희의 일이 남 일 같지 않았던 것이다. 선희가 안 좋은 일을 당했다는 소식을 듣고 진실이는 자신의 일처럼 충격을 받고 곧장 장례식장으로 달려갔다. 집으로 돌아와서도 계속 선희가 가엾다는 이야기를 했다.

"얼마나 힘들까, 얼마나 가슴이 아플까."

진실이는 다시 장례식장에 가봐야겠다고 일어섰다. 선희도 선희지만 친구를 걱정하는 진실이의 몰골도 형편없었다.

"너 또 어디 가려고 그러니? 밥도 안 먹고 그 얼굴을 하고서."

나가려는 진실이를 이모가 붙잡았다.

"선희한테 가봐야 해."

"진실아, 엄마는 네가 자꾸 선희한테 가는 거 조금 걱정돼."

"왜 그런 말을 해?"

"사람이 서로 힘들 때 도와주고 위로해주고 그래야 하는 거 엄마도 아는데, 없는 말도 지어내는 세상이야. 남의 장례식에서 왜 그렇게 슬프게 우냐고 하지 않겠어? 선희 곁에 있어주고 싶은 네 마음은 알지만 더는 가지 마. 그만하면 됐어."

내 말에 진실이는 크게 화를 냈다.

"지금 사람이 아픈데 남들이 나를 어떻게 볼까 그게 문제야? 왜 그렇게 모진 소리를 해?"

진실이는 나와 이모가 말리는데도 아랑곳하지 않고 어느새 나가버렸다. 하루종일 TV에서는 장례식장 장면이 끊이지 않고 나왔다. 선희를 진실이가 부축하고 그 옆에는 진영이가 서 있었다. 남들이 보기에 우리집 장례식이라도 되는 것처럼 두 남매가 슬픔에 겨워하니 나는 나대로 속이 상했다. 게다가 종일토록 그 장면을 반복적으로 보여 주니 기분이 영 안 좋았다. 집으로 돌아온 진실이와 진영이를 붙잡고 이모가 다시 혼을 냈다.

"왜 이렇게들 철이 없어. 우리가 보기에도 민망한데, 너희가 그렇게 울고불고 하는 걸 보고 시청자들이 뭐라고 하겠니? 한두 번 갔으면 됐지 왜 자꾸 가서 안 좋은 일로 TV에 나오고 그래."

진실이가 나와 이모를 매정한 사람 취급하자 기분이 상했지만 걱정이 앞서니 잔소리를 하지 않을 수 없었다. 시청자들이 우리 아이들 모습을 어떻게 볼까 걱정이 되었다. 아니나 다를까, 내 우려는 현실이 되고 말았다. 갑자기 사채설이 눈덩이처럼 부풀기 시작했다.

"엄마가 뭐라고 했어! 의붓아버지가 있다잖아. 거기다 우리가 사채를 했다잖아."

"사실이 아니니 곧 밝혀질 거야."

"넌 지난번에 그렇게 당하고도 몰라? 사람 입 무서운 거 왜 몰라? 사실이 아닌 말들이 사실처럼 돌아다닌다는 걸 두 눈 뜨고 당하고도 몰라? 넌 어찌 그리 미련해. 엄마는 너무 속이 상해. 사람 마음이 다 네 마음 같지 않다는 걸 왜 여태 몰라. 너희들 때문에 엄마 속이 새카맣게 탄다."

내 야단에 저는 저대로 속이 상해 어쩔 줄 몰라했다. 하룻밤 자고 나면 더 무서운 말들이 돌았다. 억울해서 가슴을 칠 말들도 있었다. 최진실의 의붓아버지가 사채업자라더라, 안재환의 죽음과 관련이 있다더라, 수십억 원을 꿔주고 그 돈을 못 받을까 봐 장례식장에서 서럽게 울었다더라, 깡패를 동원했다더라 등 겁이 나서 도저히 제대로 들을 수 없는 말들이 들려왔다. 인터넷만 켜면 온갖 무서운 말들이 최진실이라는 이름과 함께 거론되었다.

이혼의 상처가 완전히 아물지 않은 상태에서 사채설은 우리 가족에게 치명적이었다. 연예인은 언론이 살리고 죽이는 건데 다들 죽어라 죽어라 하는 것 같았다. 그때 엄마인 나라도 냉정하게 정신을 차렸더라면 좋았을 텐데, 그만 분한 심정에 이도 저도 다 싫어 망연자실 넋을 놓고 있었다.

"너희에게 의붓아버지가 있니? 사람들이 정말 해도해도 너무하네. 없는 의붓아버지까지 만들어내고. 내가 사채업자라고? 어떻게 그런 말들을 할까? 이젠 엄마도 지쳤다."

결혼생활이 원만치 못하고 불행했기에 나는 재혼은 생각도 안 하고 살았다. 아이들 덕분에 생활이 여유로워지고부터는 외로울 때 기댈 수 있는 사람이 있으면 좋겠다고 생각한 적은 있지만, 누구를 만나 다시 새로운 가정을 일구겠다는 꿈은 꿔보지도 못했다. 그만큼 실패한 결혼에 대한 상처가 깊었다. 나도 사람이다 보니 고민이나 속 이야기를 털어놓을 사람이 있었으면 좋겠다는 생각이 들 때도 있다. 하지만 아이들이 연예인이다 보니 매사가 조심스러웠다. 누굴 만나기만 하면 애인이다 뭐다 말하는 사람들이 있어서, 나도 사람인데 아는 사람 한 명 없을 수 있느냐고 말한 적은 있었다. 이런 구설수도 속이

상하는데 사채업자라니! 사채설이 터지기 전까지 나는 사채라는 말 자체를 해본 적도 없었다. 나는 너무 어렵게 살았기 때문에 재테크는 커녕 꾸준히 저축하는 게 최고라고 생각하며 살았지, 누구에게 큰돈 빌려주는 건 상상도 못했다.

꼭 필요한 곳에 금전적으로 보탬이 되고 싶을 때는 기부를 했다. 진실이도 자식이 생기더니 아픈 아이를 둔 엄마 심정을 잘 알아서 어려운 엄마들에 관한 기사를 보면 꼭 도와주고 싶어 했다. TV를 보다가 중국에서 태어난 지 석 달 된 아이가 돈이 없어 심장병 수술을 못한다는 사연을 보고 병원비 1,000만 원을 보낸 적이 있다. 불우이웃 성금이야 우리도 어렵게 살았으니 아까운 줄 몰랐지만 다른 곳에는 일절 허투루 돈을 쓰지 않았다. 진실이는 짠순이라는 별명을 얻을 정도로 알뜰살뜰했다. 그래서 어느 해에는 대통령 저축상도 받았다.

모르는 사람들은 연예인이 돈을 쉽게 번다고 하지만 버는 만큼 고생을 해야 하고 여기저기 나갈 곳이 많아서 절약하지 않으면 안 된다. 이 사실을 잘 알기에 단돈 몇백만 원이라도 쉽게 누구에게 빌려주거나 하지를 못한다. 가진 재산은 열심히 저축해서 산 집과 진실이가 결혼해서 살던 아파트, 진영이가 장만한 집, 시골에 몇천만 원 정도 되는 땅이 전부였다. 이혼하면서 여기저기서 소송이 들어와 돈을 물어주고, 3년간 일을 하지 못하다 보니 현금은 금세 바닥이 났다. 나중에는 생활비조차 걱정이 될 정도였다.

그런데 마른하늘에 날벼락이라고, 하루아침에 험한 일에 연루되어 마음고생을 하고 있으니 억장이 무너지는 것 같았다. 내 심정도 이런데 매일같이 그 억울한 소리를 듣는 진실이의 심정은 어떨까 싶어 여윌 대로 여윈 진실이 얼굴을 보는 것조차 괴로웠다.

"엄마, 이제 대한민국 사람들이 다 나를 사채업자로 보겠지?"

"곧 괜찮아질 거야. 이보다 힘든 일도 겪었잖아."

"아니야, 사람들이 하는 말 좀 들어봐. 엄마, 사람들이 무서워. 이제 어떻게 살아야 되지? 누굴 믿고 살지?"

내 딸이 무슨 죄가 있다고 또다시 사람들에게 이리 치이고 저리 치이나……. 아직도 인터넷을 보면 최진실, 의붓아버지, 사채업자 이런 말들의 흔적이 남아 있다. 일흔을 바라보는 사람에게 참 몹쓸 말들을 많이도 하는구나 하는 원망은 하루가 다르게 커져만 갔다. 또한 그런 근거 없는 이야기들을 특종이라고 쓰는 사람들에 대한 분노도 컸다. 진영이는 진영이대로 억울해서 못 살겠다고 화를 삭이지 못하고 펄펄 뛰었다.

"우리가 뭘 잘못했다고 몇 년 동안 죄인 취급을 당해야 돼. 이젠 억울해서 못 살겠어. 하루 이틀도 아니고 도대체 왜들 이러는 거야?"

진영이는 반드시 범인을 잡아야 한다고 했다.

"진영아, 잠시 기다려봐. 소문이니 곧 잠잠해지겠지."

"누난 이게 잠잠해질 소문으로 보여? 누군가 아주 악의적으로 나쁜 말을 퍼뜨리고 있는 거라고."

"누난 이제 이도저도 다 싫어. 그냥 조용히 살고 싶어."

진실이는 한낮에도 방에 커튼을 치고 깜깜한 곳에 웅크리고 앉아 있었다. 밥을 차려놔도 통 먹지를 못했다. 힘든 일을 연이어 겪다 보니 가족 모두 우울증에 걸려 있었다. 뭘 해도 기운이 나지 않았다. 진실이도 더 이상은 안 되겠는지, 매니저와 진영이를 불러놓고 누가 이런 허위사실을 유포했는지 사이버수사대에 조사를 의뢰해야겠다고 했다. 그동안 사실이 아니니 곧 가라앉겠지 하고 기다렸지만 매일매일 더 무서운 말들이 유령처럼 오고갔다.

그러던 어느 날 한밤중에 백모 양이라는 사람에게서 전화가 걸려왔다. 진실이는 전화를 받고 굉장히 격앙되어 있었다. 그간 이루 말할 수 없는 고통에 시달렸는데 상대방은 너무 쉽게 사과로 해결하려고 했다. 자기도 어디선가 들은 이야기를 단순히 인터넷에 올린 거라며 미안하다고 했다.

"이보세요. 사람을 이렇게 죽여놓고…… 이렇게 아주 다 망칠대로 망쳐놓고, 전화해서 미안하다고 하면 끝이에요? 나는 어떻게 살라는 말이에요, 나는……."

진실이는 저 밑바닥에서부터 올라오는 울음을 쏟아내고 있었다. 진실이는 이 전화를 받고 패닉상태에 빠져버리고 말았다. 대성통곡을 하며 울다가 다시 망연자실 앉아 있는 등 굉장히 혼란스러워했다. 신경안정제도 도움이 되지 못했다. 수면제를 먹어도 두세 시간을 못 자고 깼다.

　허위사실을 유포한 범인이 잡혔어도 그동안 겪은 마음고생은 회복될 수 없었다. 그야말로 만신창이가 된 심정이었다. 며칠 전만 해도 아니 땐 굴뚝에 연기가 나겠냐며 마녀사냥하듯 사람을 몰아갔다. 쇠심줄 같은 정신을 가진 사람이라도 버텨내기 어려운 상황이었다. 연달아 몇 년간 허위사실로 시달림을 당해야 했던 우리 가족에게는 하루하루가 지옥이었다.

"저기 저 사람, 최진실 엄마 아니니?"
"어디? 아, 맞다."
"재혼한 남편이 사채업자래."
"그래?"
"그 돈도 최진실이 빌려준 거래. 요즘 사채를 한다더라."

　찬거리라도 사려고 밖에 나가면 싸늘하게 바라보는 시선들이 느껴졌고, 뒤에서 대놓고 사채업자라고 수군대는 소리까지 들어야 했다. 얼굴을 못 들 정도로 모멸감이 느껴졌다. 너무 수치스러워서 어디라도 가서 숨어 지내고 싶었다. 사채설만 가지고 떠드는 게 아니라, 어디에 누드사진이 있다더라, 배병수 죽음과도 연관이 있다더라 등 꼬리에 꼬리를 물고 이어지는 소문은 끝이 없었다. 그 내용들을 들어보면 시궁창이 따로 없었다.

　사과 한 마디로 끝나기에는 사태가 너무 커져 있었다. 이런 상황에서 누구 하나 진실이 입장에 서서 말을 거들어주지 않았다.

"엄마, 나 헛살았나 봐. 나는 완전히 왕따야…… 누구 하나 정말 진심으로 나를 생각해주는 사람이 없네. 그동안 잘못 산 거야……."

실망감과 배신감으로 몸을 떠는 딸 앞에서 나도 속수무책이라 그저 눈물만 흘렸다.

"아니야. 너 잘못 산 거 아니야. 아직도 너를 사랑하고 좋아해주는 사람이 얼마나 많은데 그래. 자꾸 그렇게 생각하지 마."

"최진실은 돈 빌려준 적 없다고 한 마디만 해줬다면…… 그 한 마디만 누가 해줬다면…… 누구 한 명이라도…… 나를 아는 사람 그 누구라도……."

밥도 거르고 혼이 나간 사람처럼 앉아 있는 진실이에게 나는 무슨 말로 위로를 해줘야 할지 몰랐다.

"진실아, 그냥 시간 좀 보내보자. 그러면 무슨 수가 생기겠지."

나도 방에 들어가 신경안정제를 삼키고 잠자리에 들었지만 가슴에 슬픔이 꽉 차 도무지 잠이 오지 않았다.

선희에게 안 좋은 일들이 벌어지자 진실이는 진심으로 자기 일처럼 가슴 아파했다. 어려운 사람 처지는 어려운 사람이 안다고, 저도 누구보다 아픈 시간을 겪었으니 선희의 괴로움을 헤아리려고 했다. 더구나 선희는 평소 진실이가 예뻐하던 후배였다. 선희가 살던 아파트가 넘어갈지 모른다는 소식을 들었을 때 진실이는 바로 얼마간의 돈을 보냈다. 우리가 쓸 현금도 없던 터라 진영이가 화를 낼 정도였다.

"누나 살길도 챙기면서 살아. 지금 이렇게 하는 건 과하다고 생각해. 이제 정신 좀 차려!"

진실이가 떠난 뒤 나는 한동안 주변 사람들에 대한 원망이 많았다. 진실이가 돈을 꿔주지 않았다고 한 마디만 해주었으면 얼마나 좋았을까. 살아 있을 때 진실이도 이 부분에 대해 몹시 가슴 아파했다.

"엄마, 왜 선희는 내가 아니라고 말해주지 않는 걸까?"

딸의 고통을 옆에서 지켜본 엄마로서 야속한 심정이 없을 리 없었다. 하지만 선희 또한 커다란 아픔을 겪고 있던 피해자였다.

"어머니, 죄송해요. 저는 언니가 제 일로 그토록 고통받고 있는지 몰랐어요."

몹시 힘들어하는 선희를 보며 나도 더 이상 원망의 감정을 쌓아 둘 수 없었다.

"가족들이 저에게 무슨 일이라도 벌어질까 봐 신문이며 TV를 못 보게 했어요. 저도 엄청난 충격에 휩싸여 있던 터라……."

그래, 그 심정 나도 안다. 나도 내 딸이 큰 고통을 겪을 때 사방에서 들려오는 무서운 소리를 못 듣게 하려고 애를 썼다. 혹시 무슨 일이라도 저지를까 조마조마한 심정으로 살았다. 그러니 선희네 가족들이라고 왜 그러지 않았을까. 사람이 감당하기 어려운 고통 앞에 서면 한없이 무기력해지기 마련이다.

당시엔 모두가 귀신에라도 홀린 것처럼 상황이 걷잡을 수 없이 이상한 쪽으로 흘러갔다. 사람의 세 치 혀만큼 무서운 게 없음을 나는 다시 절감했다. 죄는 다른 곳에 있는 게 아니라 혀에 있었다. 잘못된 말 한 마디의 힘은 너무도 크고 무서웠다. 이미 내 아들과 딸은 돌아올 수 없는 강을 건넜다. 누구를 붙잡고 억울함과 아픔을 호소한들 내 아들과 딸은 다시 살아서 돌아오지 못한다. 두 아이가 떠나고 남겨진 사람들의 슬픔은 이루 말할 수가 없다. 두 아이가 못 견디게 미울 때도 있다.

'너희는 용서라는 몫까지 엄마에게 남기고 갔구나. 엄마가 초인도 아닌데 그 모든 짐을 나에게 맡기고 가다니……'

용서…… 선불리 할 수 있는 말이 아니다. 일흔이 다 되어가는 나이에도 이 말은 많은 생각을 하게 하고 참 겁나는 말이다. 하지만 용서라는 말 앞에 오늘도 겸손해지자고 마음먹는다. 사람이 생각처럼 누굴 쉽게 용서하고 사랑할 수 있다면 좋으련만, 그 마음 먹기가 어렵고 어려워 기도하고 또 기도한다.

내 딸을 향해 돌을 던진 사람들, 그 사람들을 미워하지 말자고. 우리에게로 쏟아졌던 그 무서웠던 말들을 다 용서하자고. 내가 용서할 수 있을 때 비로소 내 아이들도 저 하늘나라에서 편안한 마음으로 지낼 수 있을 거라고.

'너희가 하지 못하고 간 일들, 엄마가 잘 마무리할게. 그래도 엄마는 너희가 때때로 많이 밉고 그래. 엄만 우선 너희부터 용서해야

하지 않을까? 엄마를 이 괴로움 속에 남기고 떠난 너희부터…….'

나는 누구보다 선희의 행복을 빌어주고 싶다. 내 딸이 그토록 아끼던 후배이니 힘든 고통 이기고 건강하게, 어려운 사람들에게 좋은 일도 하면서 값진 인생을 살다 가라고 격려해주고 싶다.

'선희야, 이제 기죽지 말고 당당하게 살아, 진실이도 그걸 원할 거야.'

한 번이라도
단 한 번만이라도
다시 너희 얼굴을 볼 수 있다면
옛날 셋방 살던 시절처럼
가난하고 어렵게 살아도
오순도순 정답게 모여앉아 밥을 먹을 수 있다면,
한 이불 덮고 같이 잠들 수 있다면,
콩 한 쪽이라도 아끼며 나눠먹을 수 있다면,
엄마는 단 한 번만이라도 다시 그러고 싶다.
큰 집도 돈도 명예도 엄마는 이제 싫다.
그 무엇도
너희보다 귀하지 않으니.

PART 3

슬픔 _ 그리고 그리움

너희가 있어 엄마는 용감했단다

환희, 준희를 학교에 보내고 난 후 혼자 있는 아침시간은 하루 일과 중 가장 안정된 시간이다. 조용히 지난날을 정리하거나 책을 읽으며 시간을 보낸다. 부치지도 못하겠지만 가끔 자식들에게 속이야기를 털어놓는 편지를 쓰기도 한다. 이런 여유시간이 내게는 명상시간이 된다. 언제부터인가 햇살이 잘 들어오는 창가를 좋아하게 되었다. 카페에 가더라도 구석자리는 피하고 일부러 창이 넓고 햇살이 쏟아지는 자리에 앉는다. 아이들이 가고부터는 어둠이 싫어졌다. 햇살을 보고 있으면 그나마 기분이 나아진다.

어릴 적 나는 문학을 꿈꾸는 소녀였다. 사람들은 할머니가 되면 꿈도 없는 줄 안다. 나도 젊었을 때는 그렇게 생각했다. 하지만 그렇지 않다. 이 나이가 되고 보니 젊은 사람들에게나 있을 법한 욕구가 나에게도 아직 남아 있다는 것을 알겠다. 아름다운 꽃을 보면 절로 탄성이 나오고, 고운 사람을 보면 어찌 저리 고울까 부러운 마음이 일 때가 있다. 몸이, 나이가 허락하지 않을 뿐 정신은 여전히 살아 꿈틀거리므로 나는 꿈을 꾼다.

요즘 나는 작가가 되고 싶다는 소망을 다시 가졌다. 어릴 때 박경리 선생님의 책을 처음 접했을 때의 떨림은 지금도 생생하다. 《김약국의 딸들》은 그중 내가 가장 인상 깊게 읽은 작품이다. 사람들이 잠든 시간에 깨어 늦게까지 책을 읽던 어릴 때의 추억은 내 삶에 풍부한 자양분이 되어주었다.

그 시절 나는 꿈 많은 소녀였다. 한 장, 한 장 책장을 넘기는 재미에 의미도 제대로 모르는 문학작품을 끝까지 다 읽곤 했다. 그때부터 내 꿈은 작가가 되는 것이었다. 어찌 보면 나는 그래도 혜택받은 편에 속했다. 전쟁이 끝난 뒤 전쟁고아 등 가족을 잃고 떠도는 사람이 숱하게 많았던 시절, 나는 따뜻한 방에서 잠을 자고 밥을 먹고 학교에 다니며 돈을 벌었다. 그것은 행운이었다.

학교에 가려고 문밖에 나가면 거리마다 구걸을 하는 거지들이 넘쳐났다. 어린아이들은 맨발로 미군 뒤를 쫓아다녔다. 그런 와중에 중학교까지 무사히 마칠 수 있었던 것은 감사한 일이었다. 또 고등학교는 기술학교에 다니는 것으로 대신했지만, 없는 살림에 그만큼 공부할 수 있는 사람도 많지 않았다.

나는 세상 물정을 잘 몰랐다. 그동안 살아온 것처럼 성실히만 살면 모든 게 다 잘 풀릴 거라고 믿었다. 스물한 살, 친구의 소개로 첫눈에 반한 남자와 결혼을 했을 때만 해도 내 삶이 이런 우여곡절을 겪을 거라고는 예상하지 못했다.

하지만 신혼 첫날밤부터 집에 들어오지 않는 남편을 보며, 며칠 지나지 않아 이미 그에게 두 아이가 있다는 걸 알고부터는 내가 돌이킬 수 없는 운명의 한가운데 서 있다는 걸 인정해야 했다. 그렇다고 해도 나는 내 운명을 비관하지 않았다. 어떻게든 이겨내며 잘 살아보고 싶었다.

내가 잘하면 된다고 스스로를 다독이며 결혼생활을 견뎌냈다. 처음 몇 년은 가족을 돌보지 않는 남편이라도 좋았다. 내 식구, 내 울타리가 있는 것이 없는 것보다 몇 배는 더 낫다고 생각했다. 하지만 남편과 나는 너무 다른 사람이었다. 남편이 노는 것을 좋아한다면 나는 조용히 혼자 있는 것을 좋아했다. 남편이 외향적이라면 나는 내성적이었고, 남편이 한탕주의자라면 나는 아주 적은 돈이라도 조금씩 저축하며 분에 맞게 성실히 살고 싶어하는 사람이었다.

아이들이 어릴 때 남편이 중동에 나가 2년 정도 돈을 벌었다. 한창 건설 붐이 일어나면서 남자들이 여기저기 외국 건설 현장으로 나갈 때였다. 남편도 그 틈을 타 해외로 나갔던 것이다. 남편이 송금하는 돈을 나는 착실히 모았다. 나대로 부업을 해서 생활비를 벌고 보내오는 돈은 고스란히 저축했다. 시누이들이 밥 한 끼 안 산다고 타박을 해도 남편이 뙤약볕에서 일해 번 돈을 외식하는 데 써서는 안 될 것 같아 식당 한 번 못 갔다. 어떻게 보면 나는 참 융통성 없는 사람이었다. 다른 여자들은 계를 하기도 하고 남편이 보내온 돈을 남에게 빌려주면서 이자놀이를 하기도 했는데, 나는 무서워서 그렇게 하지 못했다.

통장에 돈이 차곡차곡 쌓이면 무엇보다 기쁘고 뿌듯했다. 그런데 돌아온 남편은 화를 냈다. 어떤 여자들은 돈을 부쳐주면 그 돈을 몇 배로 불려놓는다는데 넌 등신같이 주변머리도 없이 그대로 모아놨다고 타박을 했다. 그 소리를 들으면서 '내가 융통성이 없긴 없구나' 하고 주눅이 들었다. 남편이 송금한 돈으로 춤바람이 난 여자들도 있어 사회문제가 되기도 했는데 나는 저축을 하고도 욕을 얻어먹은 셈이다. 이처럼 그와 나는 삶을 바라보는 방식부터 큰 차이가 났다.

모아놓은 돈으로 전세를 얻어 좀 편안히 사나 했는데 남편은 다시 한량으로 돌아갔다. 사업한다고 전세금을 빼서 거의 탕진했다. 나는 남은 돈이라도 건지려고 조그마한 식당을 얻어 스테이크 장사를 시작했다. 하지만 남편이 자꾸 빚을 지는 바람에 나중에는 가게 보증금까지 없어져 식구가 거리에 나앉을 처지가 되었다. 나는 그간 모아놓은 돈을 탈탈 털어 이번에는 포장마차를 시작했다. 한 번씩 경찰이 와서 장사를 못하게 했지만 벌이는 좋았다.

하루에 5만 원도 벌고, 7만 원도 벌었다. 일이 고되고 힘들었지만 고생한 만큼 벌이가 되니 일하는 재미가 있었다. 무엇보다 아이들 먹을 과일을 사다가 냉장고에 넣어둘 수 있어서 든든했다. 자두, 참외, 사과 같은 걸 한 보따리씩 사다가 두면 저희들이 오고가며 꺼내 먹었다. 그동안 냉장고가 텅텅 비어 미안했는데 이렇게나마 간식을 댈 수 있으니 행복했다.

밤새도록 장사하고 새벽 4시쯤 되면 장사를 마쳤다. 그런데 언제부턴가 그 시간이 되면 남편이 나타나 돈을 내놓으라고 행패를 부렸다. 손님들이 앉아 있는데도 막무가내였다. 주변 사람들 보기도 창피하고, 이런 날이 계속되니 장사를 오래 할 수가 없었다.

포장마차를 할 때는 진영이가 옆에서 엄마 일을 잘 거들어주었다. 어린 나이에 부끄럽기도 했을 텐데 그런 내색이 전혀 없었다. 아무리 봐도 효자였다.

"내 아들이지만 우리 진영인 보배야."

내가 칭찬을 하면 씩 한 번 웃고는 가타부타 말이 없었다.

진영이는 엄마를 괴롭히는 아빠를 싫어했다. 남편도 진영이에게 별로 정이 없었다. 이상하게 남편 집안에서는 남자아이를 좋아하지 않았다. 진실이에게는 그런대로 잘하면서 진영이에게는 찬바람이 쌩쌩 불 정도로 차갑게 대했다. 그러니 진영이 입장에서는 자라는 내내 아빠가 어렵고 무서운 사람일 수밖에 없었다. 게다가 아빠 때문에 엄마가 겪는 수모와 고생을 알기에 부자간의 사이가 더 벌어졌다. 연예인이 되고 난 뒤 진영이는 나에게 아빠와 이혼하라고 강하게 말했다. 여전히 가족을 버린 채 바람을 피우고 돌아다니는 아빠를 용서할 수 없다는 것이었다.

"엄마도 할 만큼 했으니 앞으로 엄마 인생 살아요. 언제까지 생지옥에서 살 순 없잖아요."

그날로 진영이는 바로 법원에 가자고 했다. 이혼서류는 일사천리로 통과됐다. 판사가 보기에도 사는 동안 남편이 해준 게 하나도 없었던 것이다. 오히려 어떻게 이러고 살았느냐는 듯 연민의 눈빛을 보냈다.

결혼한 이후 남편은 끝도 없이 바람을 피웠다. 유부남이라는 걸 알면서도 여자들은 하나같이 남편에게 빠져 눈물바람을 했다. 나를 찾아와 하소연을 하거나 내 앞에서 외려 당당하게 굴던 여자도 있었다. 사람들이 막장 드라마라고 하는 일들이 내게는 일상이었다.

내가 좀더 공부를 많이 했거나 자존감을 지키고 사는 사람이었다면 그런 일상에서 용기 있게 벗어날 수 있었을 것이다. 하지만 나는 그러지 못했다. 어떻게든 가정은 지켜야 한다는 생각에만 빠져 있었다. 진실이가 이런 내 모습을 그대로 빼닮았다. 결과적으로 내가 지키고자 했던 가정의 모습이 진실이에게 악영향을 끼친 것이다. 그때 엄마가 혼자서도 당당하게 살아가는 모습을 보여줬더라면 진실이의 삶도 달라지지 않았을까. 지금에 와서 후회될 때가 많다. 딸은 엄마를 닮는다는데, 나는 비참한 상황에서도 참고 사는 모습만 아이들에게 보여줬다.

내가 혼자서도 당당하게 살아가는 모습을 보여줬더라면
진실이의 삶도 달라졌을까? 딸은 엄마를 닮는다는데
지금에 와서 후회가 될 때가 많다.

"나는 엄마가 다 좋은데, 엄마처럼 한 남자만 보면서 사는 건 아닌 것 같아."

진실이가 입버릇처럼 하던 말인데, 내 딸도 결국 나와 같은 길을 걷고 말았다.

나는 남편에게 최선을 다했다. 지금도 그것만은 자신 있게 말할 수 있다.

어느 날 한 달째 집에 오지 않던 남편이 불쑥 들어와 기침을 하기 시작했다. 며칠을 끙끙 앓기에 붙들고 병원에 가니 늑막염인데 그냥 늑막염도 아니고 폐결핵 늑막염이라고 했다. 다섯 가지 약을 먹는 걸로도 모자라 매일 주사를 맞아야 한다고 했다. 매번 병원에 갈 형편이 안 되니 약국에서 주사약을 사다가 내가 직접 놓아줬다. 식구들에게 전염이 될까 봐 주사기는 물론 가족들의 식기를 솥단지에 넣고 연탄불에 끓여 소독했다. 마당에 햇빛이 들면 이부자리를 내다 널며 깔끔을 떨었다. 하지만 폐결핵이 워낙 어려운 병이어서 쉽게 호전되지 않았다.

사람들 말로는 단백질 섭취를 잘해야 하는데 뱀이 좋다고 했다. 그 이야기를 들은 뒤 나는 산으로 들로 뱀을 잡으러 다녔다. 하지만 뱀이 내 눈에 쉽게 뜨일 리도 없고, 생전 뱀을 잡아본 적이 없으니 나타났다 한들 쉽게 잡을 리도 없었다. 매일 그렇게 뱀을 찾아 헤매는 나를 안타깝게 여긴 이웃 사람이, 저 건너 돌산에 가면 뱀 장수가 있는데 뱀을 싸게 구할 수 있을 거라고 귀띔해주었다. 그 말을 듣고 나는 밀가루 포대 하나 옆에 끼고 살얼음이 낀 냇가를 건너 산을 탔다. 새벽부터 걷기 시작해 어느새 해가 중천에 떠 있었다. 산속 깊숙이 들어가니 나무로 지은 너와집 한 채가 눈에 들어왔다. 문틈으로 안을 엿보니 집 안 가득 뱀이 와글와글했다. 생전에 그렇게 많은 뱀을 본 건 처음이었다. 징그러워 저만치 물러나 집주인을 불렀다.

"이보세요, 아무도 안 계신가요?"

얼마쯤 서 있으니 땅꾼이라고 불리는 뱀 장수가 뱀을 잡아 들고 오는 모습이 보였다. 내가 뱀을 사러 왔다고 하니 어디가 아프냐고 물었다.

"폐결핵에 늑막염이래요."

뱀 장수는 병명을 듣고는 살모사와 큰 독사 두 마리를 나무집게로 탁 집더니 껍질을 쭉 훑어낸 뒤 돌돌 말아 자루에 담아주었다. 그러고는 자루째 그대로 솥에 넣고 끓이라고 했다. 뱀을 사들고 간 길을 되짚어 오는데 오금이 저렸다. 자루 안에서 뱀이 꿈틀거리면 나도 모르게 자루를 내동댕이쳤다. 소름이 끼치는 걸 꾹 참고 집으로 와서 지극정성으로 달였다. 뱀이 흐물흐물 풀어질 때까지 네 시간 정도 고아야 된다고 해서 눈을 꼭 감고 저었다. 젓는 것도 버드나무 가지로 해야 된다고 해서 구해다가 젓고 약 짜는 용도로도 사용했다. 뱀을 삶으면 나중에는 달인 물이 우유처럼 뽀얗게 된다. 마치 닭 고은 물처럼 되면 남편에게 가져가 닭국물이라면서 정성스럽게 먹였다. 그 뒤 나는 새벽마다 뱀을 사러 다녔다. 나중에는 돈이 없어 이틀에 한 번도 가고 사흘에 한 번도 갔다. 몇 달을 그렇게 지극정성을 들인 뒤 병원에 가서 검사를 받으니 거짓말처럼 병이 나았다고 했다. 의사도 신기해하며 물었다.

"최소한 1년은 약을 먹어야 하는데 대체 어떻게 하신 거예요?"

나는 뱀뿐만 아니라 몸에 좋다는 건 다 구해다가 먹였다. 잠도 안 자고 옆에 붙어서 정성을 다해 병구완을 했으니 상태가 호전되지 않으면 그게 오히려 더 이상한 일이었다.

남편은 몸이 회복되자 언제 아팠냐는 듯이 다시 딴짓을 하기 시작했다. 그러다 몸이 아프면 집으로 들어왔다. 그러면 다시 나의 병간호가 시작되었다. 병이 호전될 때마다 이젠 마음잡고 가정을 돌보겠지 하면서 힘든 순간을 넘겼지만, 내 기대는 번번이 빗나갔다. 어쩌다 한 번씩 쌓인 감정이 터져 화를 내면 주먹부터 날아오니 어이가 없어 눈물만 나왔다.

이렇게 살아가는 엄마의 모습을 보고 자랐으니 아이들 가슴에 얼마나 큰 멍이 들었을까. 지금 생각해도 미안하기만 하다.

앞으로 엄마는 꼭 좋은 것만 보고 살라던 아이들 마음이 어린 시절에는 어땠을까? 등록금도 못 낼 만큼 어려운 가정환경에서도 잘 자라줘서 배우가 되고 톱스타의 자리에까지 오르고, 엄마가 그간 못해본 거 다 해준다고 여기저기 여행도 보내주고, 저희들도 못 사 입는 비싼 옷을 엄마 거라며 사다주던 내 새끼들……. 엄마는 해준 게 없는데 너희는 무엇으로도 갚을 수 없는 사랑을 주고 갔다.

살면서 어렵고 궁핍한 날들을 잘 버틸 수 있었던 것은 진실이와 진영이가 있었기 때문이다.

엄마 내가 죄가 많은가 봐

"진실아, 이제 이 옷들 좀 정리하자."
"그냥 내버려둬요."
"필요도 없는 옷을 왜 짐되게 두고 살아."
"엄마, 그래도 어디에 잘 챙겨줘. 나중에 환희 크면 입힐 수 있잖아. 얼마든지 입을 수 있는 새 옷들이야."

진실이는 이혼을 하고서도 환희 아빠의 옷을 버리지 못했다. 말은 아들이 크면 입히겠다고 했지만, 그것이 남편에 대한 그리움이라는 것을 나는 알 수 있었다. 진실이는 환희 아빠가 언젠가는 돌아올 거라는 희망을 버리지 못했다. 이혼을 했어도 원해서 한 이혼이 아니라 미련이 가득했다. 나도 더 이상 채근하지 못하고 옷을 도로 옷방에 넣었다.

"엄마, 나 조성민하고 싸웠어."

하루는 진영이가 와서 분하다는 듯이 말했다.

"아무래도 바람을 피우는 것 같아. 바람피우는 여자가 나도 아는 사람이야. 그래서 찾아가서 뭐라고 했어. 애가 둘이나 있고 행복하게 잘 살고 있는 사람에게 그러면 되느냐고. 자기는 안 그랬대. 누나한텐 말하지 마."

진영이는 환희 아빠에게도 찾아가 사정을 했다고 한다. 집안 반대 무릅쓰고 많은 사람 앞에서 잘 살겠다고 약속했으면 노력을 해야 되지 않느냐고, 바람을 피워도 제발 누나 모르게 피우라고, 나는 이 세상에 우리 누나밖에 없으니 누나에게 상처주지 말라고 붙들고 울었단다. 이 말을 내게 전하면서도 진영이는 속이 상해 어쩔 줄 몰라 했다.

"엄마, 누나가 아는 거 같지? 누나 알면 안 되는데. 아기 가진 사람이 그 사실 알면 충격받을 텐데……."

하지만 아무리 쉬쉬해도 같이 사는 사람이 눈치 채지 못할 리 없었다. 그러나 자기 얼굴은 노랗게 떠서도 뱃속의 아이는 살려야 된다고 양재기에 밥과 김치를 들이붓고 비벼가며 먹었다. 눈이 퉁퉁 부어서도 아이에게 좋다고 하면 이 음식, 저 음식 안 가리고 게걸스럽게 먹곤 했다.

"엄마, 나 이 아이 낳아서 잘 키울 거야. 누구보다 훌륭하게 키울 거야."

딸의 인생을 생각하면 가슴에 천근만근 돌덩이가 얹혀 있는 기분이었다. 이혼 이야기가 오고가는 것도 마음이 아픈데 하루아침에 사람을 죄인으로 몰아가니 이 나라에 사는 것이 힘들 지경이었다. 하지만 쫓겨가듯 이민을 떠날 수는 없었다. 낯선 땅에서의 삶도 그리 만만하지는 않을 것이었다.

진실이는 어떻게든 남편 마음을 돌려 끝까지 함께 살기를 원했다. 그래서 이혼을 하려거든 친권을 포기하라고 했는데 환희 아빠가 그 자리에서 바로 그러겠다고 나왔다. 환희 아빠야 이혼을 간절히 원했으니 쉽사리 그런 말이 나왔겠지만 우리 가족에게는 엄청난 충격이었다. 환희를 낳았을 때 누구보다 기뻐한 사람은 사위였다. 옆에서 보기에도 지극정성으로 아이를 돌본 사람이었다. 야구 연습을 끝내고 돌아오면 환희를 업어 재우고, 놀아주고, 밥 먹여주는 다감한 아빠였다. 아들이 예뻐서 어쩔 줄 몰라하던 사람이 단박에 친권을 포기하겠다고 하니 나는 물론 진실이의 충격은 이루 말할 수 없었다.

"엄마, 저 사람은 내가 진짜 싫은가 봐. 아이를 포기할 정도로 말이야."

진실이는 며칠간 넋나간 사람처럼 낮이나 밤이나 우두커니 앉아 있었다. 눈동자도 텅 비어 보였다.

"엄마, 내가 살면서 잘못한 게 많나 봐. 그래서 이런 벌을 받나 봐."

진실이가 그럴 때마다 나도 모래알을 씹는 심정이었다. 가슴이 쓰라려 딸의 얼굴을 제대로 볼 수가 없었다.

"그 사람이 원하는데 이혼해줘야지. 나 이혼할래."

어떤 날은 이렇게 마음을 먹었다가도 또 어떤 날은 도저히 이혼만은 못하겠다고 도리질을 쳤다. 그러다 결국 사위가 애지중지 아끼던 자식까지 포기하는 것을 보고는 더 이상 잡지 않겠다고 결정을 내렸다. 사위가 짐을 싸서 트렁크를 쭉 현관 앞에 내놓던 날, 나는 생살을 도려내는 것저럼 아팠다.

"누구나 살다 보면 실수도 할 수 있는 거지. 자식 생각해서라도 집으로 돌아와, 응? 환희 아빠, 부탁이야."

자존심이고 뭐고 다 내팽개치고 어떻게든 사위를 붙잡고 싶어 나도 모르게 애원을 했다. 그러나 사위는 아무 대꾸도 하지 않고 밤새 소파에 앉아 있다가 날이 밝자 짐을 들고 나갔다.

나에게는 그 어느 때보다 고통스러운 순간이었다. 남편이 무던히 속을 썩일 때도 그날처럼 서럽지는 않았다. 처음 보았을 때 보름달처럼 환하던 사위, 이런 사람이 내 사위가 되다니 뿌듯하고 자랑스러웠다. 묶어둘 수만 있다면 내 딸 곁에 평생을 묶어두고 싶도록 탐나는 사람이었다. 부부의 연분은 쉽게 맺어지는 게 아니라는데, 잉꼬부부처럼 오래 알콩달콩 살 수 있었다면 얼마나 좋았을까. 하지만 내 딸과 사위의 연분은 거기까지였다.

이혼도장을 찍고 온 날, 진실이는 부엌으로 들어가 있는 대로 밥을 퍼서 먹기 시작했다.

"엄마, 왜 이렇게 허기가 지지? 아휴, 나 정말 왜 이러나 몰라."

눈물 콧물을 줄줄 흘리면서 밥을 먹는데 내 가슴이 찢어지는 것 같았다. 볼이 미어지도록 꾸역꾸역 밥을 밀어넣으며 울면서 밥알을 삼키고 있었다. 결혼할 때 자기는 너무 행복하다고, 이런 행복을 주신 하느님께 감사하다고 말하던 딸의 환한 모습이 엊그제 일 같이 선명한데 이게 무슨 날벼락인지, 나도 망연자실했다.

"체할라, 천천히 먹어."

나는 마음이 아파 더 이상 진실이의 모습을 보지 못하고 방으로 들어가 누웠다. 진실이는 점점 말수가 없어졌다. 저녁만 되면 우울한지 이 방 저 방 문을 열어보고 새벽 두세 시에 밥을 해서 같이 먹자고 깨우기 일쑤였다. 불면증도 심해 늘 '잠이 안 와'라는 말을 달고 살았다. 쓸쓸하면 환희, 준희가 자는 방문을 열어보고 아이들이 잘 자고 있으면 안심하고는 소파에 나와 소리없이 앉아 있었다. 진실이가 그러면 나도 신경이 곤두서서 잠을 이룰 수가 없었다.

"잠이 안 와도 눈 감고 누워 있어 봐. 잠을 자야지, 그렇게 매일 날밤을 새우면 어떻게 해."

"괴로워, 괴로워서 잠을 잘 수가 없어."

진실이는 내 방으로 건너와 등 뒤에서 나를 껴안았다. 그러면 조금 안정이 되는지 한두 시간 눈을 붙였다. 한낮에는 불안한 표정으로 여기저기 전화를 걸어댔다. 친하게 지내던 감독님한테도 걸고, 친구들과도 통화를 했다. 상대방과 연락이 안 되면 못 견뎌하고 초조해했다.

나는 지금 어디쯤 서 있는걸까?
딱 1년이란 시간이 흘렀는데. 모든게 바뀌어진 이 모든 상황들이
아직도 인정하기가 힘이든다.
분명 1년전만해도 나의 노트엔 그사람이랑 아들 황희와의 행복의
순간 기록들로 어지러져 있었는데, 갑작성인 낯선 여자의 기록들로,
또 그로인해 얻은 고통들로 어지러워 있다.
나에게 황희와 수민이 두아이만 남겨졌다.
그외 떠났다. 3살도 채 안된 황희와, 세상에 태어나기도 전에
뱃속에서 일찍이 아빠에게 버림받은 우리 수민이. 그리고 나
세명 뿐이다.
그는 자신만의 또다른 행복을 위해, 나를 짓밟고, 아이들을 짓밟고
떠나버렸다.
오늘도 난, 정처없이, 또 그사람의 사무실과 그여자가 사는 동네를
밤새도록 헤매다 돌아왔다.
그들이 같이 있는걸 본들 무엇하랴, 도대체 어떻게 하겠단 말인가.
밤만 되면, 더욱 꿈들어오는 분노때문에, 그냥 있을수가 없다.
바보같은 나 자신이 한심스럽다. 그사람에게 늘 당하기만 한다.
어떻게 할수가 없다.
두아이들을 보고 있으면, 내가 나약해지면 안된다는 생각이 들지만,
혼자 있는 시간이면, 그냥 쓰러져 영원히 잠들었으면 생각밖엔
없다. 언제까지, 엄마라 질명이란 나를 지탱해주고 있는
주위사람들에게 부당소건 존재로 남을것인가.
해법이 정녕 계시는걸까?
.....
계신다면, 계신다면, 제발, 저즘 지켜주세요.
황희가 아빠라는 존재를 어슴프레 알때, 또 그사람은 떠났지만.
지금은 시간이 흘러 볼과 두개월이란 시간이 흘렀을 뿐이런데
황희는 문득 문득 아빠라는 존재를 그리워하는것 같다.
TV를 볼때, 광고에서 또 아빠와 아들이 나오는 장면을 보면
정신을 못차리며, 주화기를 들고 통화하는 흉내를 내며
알아들을수가 없는 말들로 장시간에 통화를 하다
끊는다.

> "그인 떠났다. 세 살도 채 안된 환희와,
> 세상에 태어나기도 전에 뱃속에서
> 아빠에게 버림받은 우리 수민이.
> 그리고 나 세 명뿐이다.
> …
> 하느님이 정녕 계시는 걸까?
> …
> 계신다면, 계신다면,
> 제발, 저를 지켜주세요."

어떤 날은 새벽에 갑자기 경쾌한 도마 소리가 들릴 때도 있었다.

"뭐 해?"

"도시락 만들어."

"이 시간에 도시락은 싸서 뭐 하게?"

가까이 가서 보니 도시락도 한두 개가 아니라 수십 개를 싸고 있었다.

"이렇게 많은 걸 누가 다 먹어?"

"가져갈 데가 있어."

새벽에 부산을 떨며 도시락을 다 만든 후에는 급히 차로 옮겼다. 뭐 하려고 그러는지 궁금해 하루는 이모가 따라가봤더니 편의점에 들러 소주를 한 박스 사 차에 싣고는 남대문으로 가더란다. 노숙자들이 기거하는 곳으로 가서 그분들에게 도시락을 나눠주고 있었던 것이다. 그렇게 그분들이 밥 드시는 거 보고 소주 한 잔씩 따라드리고 집에 돌아오면 쓰러져 잠을 잤다.

"거기 왜 가는 거니?"

"위로가 돼. 그분들 식사하시는 모습 보면서 나도 누군가에게 도움이 될 수 있는 사람이구나 하면서. 내가 지은 밥 맛있게 드시면 고마워. 그냥, 고마워."

연기를 쉬는 3년 동안 진실이는 고아원에도 다니고 이래저래 마음 붙일 곳을 찾아다녔다. 하루는 입양서류를 들고 와서 아이를 입양해 키우겠다고 하는 걸 나와 이모가 펄펄 뛰며 말렸다.

"네가 지금 애가 둘인데 무슨 입양이야? 둘 키우기도 힘든 세상인데. 지금도 두 아이 키우기가 벅차서 고생이 이만저만이 아닌데 대체 누구보고 키우라는 거야? 너 진짜 정신이 어떻게 된 거 아니니?"

이모가 막 야단을 치니까 한참을 심사숙고하다가 입양건을 접었다. 그래도 진실이는 언젠가는 꼭 입양을 하고 싶다고 했다.

"그래, 아이들이 좀더 큰 후에 생각해봐. 그럼 엄마도 네 뜻을 존중해줄게."

하루는 또 이모를 끌고 나가서 가게를 보여주더니 수제비집을 하겠다고 했다. 나는 그 소리를 전해듣고는 있는 대로 속이 상했다.

"뜬금없이 무슨 수제비집이야? 너 대체 왜 그러니?"

"엄마, 나 수제비집은 잘할 수 있을 것 같아."

"먹고사는 거 불안해서 그러는 거면 이 집 팔자. 그냥 다시 연기할 수 있을 때까지 잠자코 기다려봐."

그래도 불안했는지, 얼마 지나서는 아동복을 만들어보겠다고 알아보고 다니다가 내가 또 말리니까 흐지부지 넘어갔다. 3년 정도 쉬고 있으니 당장 경제적인 문제가 걱정이 되는지 몹시 초조한 기색이었다. 아무래도 어릴 때부터 가장 역할을 하던 습관이 있어서 이런저런 잡념을 못 끊고 편하게 시간을 보내지 못하는 것 같았다.

하루는 하도 답답해서 진실이를 붙잡고 이야기를 했다.

"네가 연예인이라 그런 거지, 요새는 이혼도 많이 하는 세상이야. 아이 두셋 낳고도 재혼해서 행복하게 잘 사는 사람도 많아. 연예인중에도 그런 사람 있잖니. 너는 왜 이렇게 용기가 없고 맨날 자책만 하고 있니. 그러지 말어."

"엄마 성격을 닮아서 그런 걸 어떻게 해. 이럴 땐 엄마가 원망스러워."

"너보고 당장 재혼을 하라는 게 아니야. 밖에 나가 친구도 좀 사귀고 그러라는 거야. 자식을 잘 키우는 것도 중요하지만 한창 젊은 나이에 언제까지 이러고 집에만 웅크리고 있을래? 이러고 있으니까 자꾸 쓸데없는 생각이 드는 거야."

말은 이렇게 했어도, 바람에 치마폭만 펄럭여도 이상한 소문이 돈다고, 별별 소문이 다 들리니 더 이상 바깥나들이를 하라고 하기도 조심스러웠다. 조금만 관심들을 덜 가져주면 좋겠는데, 한 사람이 한 마디씩만 해도 열 사람이면 열 마디고, 그걸 백 사람이 하면 백 마디다. 좋은 이야기도 아닌 이혼에 관련된 말들을 백 명, 천 명, 만 명이 해대고 있으니 그 사람들에게 어떻게 진실이의 입장을 다 해명할 수 있겠는가. 듣는 사람 입장에서는 그런 말들이 죽음과도 같은 고통이었다.

진실이는 잠이 오지 않는 밤이면 뜨개질을 했다. 이것저것 예쁘게 떠서 아는 사람들에게 선물하고, 환희와 준희 모자도 떠주면서 조용히 시간을 보냈다. 한창 힘들어할 때라 누가 이혼 이야기만 꺼내도 민감하게 반응하고 가슴 아파했다. 그러다 보니 사람들 만나는 것도 겁을 냈다. 오래되고 편한 인연들이야 얼굴만 봐도 반가워했지만, 낯선 사람들에게는 제 처지가 부끄럽다고 여기고 있었으니 자꾸 움츠러들고 감정의 기복도 심해질 수밖에 없었다. 예전에는 침착하게 엄마 말도 잘 들어주더니 어느 날부턴가 부쩍 성질이 급해져서 상대의 말을 끝까지 듣지 못했다. 피해의식 때문인지 성격도 점점 변해갔다.

이런 과정을 겪었기에 나는 지금도 TV를 보다가 연예인에 관련된 안 좋은 소리가 나오면 바로 꺼버린다. 남의 일 같지 않고 한숨부터 나오기 때문이다. 이 세상에 태어난 사람이면 누구든 맞이해야 하는 시련, 인생의 아픈 시절을 그저 잘 건너가기를 남몰래 기도할 뿐이다.

2008년 10월 2일,
2010년 3월 29일

아이들이 살아 있을 때 내가 좋아하던 봄과 가을은 이제 슬픔의 계절이고 아픔의 달이다. 사람들이 봄이 왔다고 꽃구경 갈 차비를 하면 떠나간 진영이가 떠올라 가슴을 치고, 단풍구경 하기 좋을 때라고 누가 말하면 진실이가 떠올라 부쩍 눈물이 많아진다.

어제도 결국 아침 7시까지 한숨도 잠을 이루지 못했다. 눈만 감으면 떠오르고, 앉아 있어도 생각이 나고…… 둘이 함께 내 옆에 와 있는 것처럼 사무치게 그립다. 시간이 약이라는 말도 있지만 나는 시간이 지날수록 내 새끼들이 더 보고 싶어 가슴이 점점 더 저려오고 막막해진다.

나 혼자 살아 봄마다 피어나는 꽃들을 보는 것도 미안하고, 봄나물로 반찬을 해서 밥을 먹는 것도 미안하고, 여유 있게 앉아 차를 마실 때도 미안하다. 엄마가 계속 미안해하면 자식들이 먼 곳에서도 마음이 편치 않을 것 같아 그러지 말자 해도 어느새 다시 수건에 얼굴을 묻고 엉엉 운다.

 10월 2일 그날, 처음 진실이를 발견하고 안았을 때 그 싸늘한 체온. 끝났구나, 모든 것이 끝났구나. 그 느낌이 너무 강렬해서 털썩 주저앉았다가 다시 일어나서 몸부림을 쳤다. 내가 진실이의 몸을 안고 있을 때 진영이가 달려와 가위로 매여 있는 줄을 잘랐다. 딸을 바닥에 눕혀놓고 뻣뻣하게 굳은 몸을 어루만지는데, 공포와 두려움과 슬픔이 걷잡을 수 없이 밀려들어 범벅이 되었다. 도대체 내게 무슨 일이 벌어진 거지? 나는 받아들일 수가 없었다.

 눈앞이 캄캄했다. 내 딸을 보내고 나는 못 산다, 내가 어떻게 사나, 같이 따라가야 한다는 생각만 가득했다.

 매달려 있는 아이를 들어올리는데 한없이 가벼워서 "왜 이렇게 가볍지? 우리 아이가 왜 이렇게 새털처럼 가벼운 거야? 진실아, 너 왜 이렇게 가볍니?" 혼자 물으며 몸부림쳤다. "그동안 제대로 못 먹고, 고민만 하며 굶더니 마를 대로 말라서…… 그래도 왜 이렇게 가볍니, 아가야."

 죽는 날까지 그 순간을 잊지 못할 것이다. 이렇게 자식 먼저 보낼 수는 없다고, 가려면 내가 먼저 가야지 왜 죄 없는 네가 모든 짐을 다 지고 가느냐고 가슴을 치며 욕실 바닥을 뒹굴었다.

 "엄마, 나 추워."

추워? 춥지? 진실아. 엄마가 따뜻하게 해줄게. 몸을 비비고 어르고 쓰다듬어줘도 딸은 눈을 뜨지 않았다.

"한 번만 눈을 떠봐. 너 지금 엄마 놀래주려고 이러는 거지?"

나는 소리를 지르며 울다가 진실이에게 추리닝 바지를 입히기 시작했다. 옆에서 진영이가 부들부들 떨리는 손으로 거들었다. 싸늘하게 식은 딸을 안고 울부짖고 있는데 어느 결에 환희가 곁에 서서 울고 있었다.

"환희야, 환희야."

나는 어린 환희의 손을 잡고 대성통곡을 했다. 아무리 윽박지르고 소리를 질러봐도 딸은 끝내 말이 없었다. 그렇게 진실이는 세상과 작별했다.

"엄마, 내가 왜 이러지? 바람이 불면 바람이 부나 보다, 비가 오면 비가 오나 보다. 왜 이렇게 아무 느낌이 없고…… 나 왜 이러지?"

진실이는 봄부터 가을까지 밥을 먹어도 헛헛하고 사람들과 함께 있어도 외롭다고, 사는 게 즐겁지 않다고 했다.

"아파서 그래, 네가 아파서. 너도 아프고 엄마도 아프고."

"엄마는 왜 아파? 엄마보다 내가 더 아파."

"엄마는 늙었잖아. 엄마도 엄마 인생을 생각하면 허전하고 그래. 너는 능력도 있고 어린 두 아이도 있으니 희망을 가지고 살아야지. 환희, 준희 잘 기르면 엄마가 너희 키우면서 느꼈던 것처럼 큰 기쁨을

진실이의 몸을 비비고 어르고 쓰다듬어줘도
딸은 눈을 뜨지 않았다.
그렇게 진실이는 세상과 작별했다.

누릴 수 있을 거야."

"애들도 애들이지만 엄마가 말했듯이 내 인생도 있는 거 아냐?"

"그래, 그러니까 너도 나가서 사람들도 만나고 그래."

하루 종일 방에 앉아 있으면서 청소라도 하려고 하면 혼자 있고 싶다고 했다. 캄캄한 방에서 인터넷을 보며 한숨을 쉬는 게 일과였고, 점점 더 말수가 없어졌다. 힘든 일들을 겪으며 마음의 병이 깊어 가는 것 같았다. 하지만 연예인이다 보니 우울증 치료를 받으러 정신과에 드나들기도 어려웠다. 무슨 소문이 또 어떻게 돌지 몰라 병원에 가는 것도 꺼려졌다.

"진실아, 넌 대한민국 배우야. 그거 대단한 거야."

날이 갈수록 의기소침해지는 딸을 격려하려고 이런 말을 하면 진실이는 맥이 빠진다는 듯이 말했다.

"엄마, 난 아무것도 아니야. 이 세상에서 아무것도 아니야……."

"아니야, 넌 대단해. 물론 널 싫어하는 사람도 있겠지만 널 좋아하는 사람이 훨씬 많을 수도 있어. 너 때문에 위로받고 용기를 얻는 사람도 많을 걸. 드라마〈장밋빛 인생〉을 보면서 얼마나 많은 사람이 너와 함께 웃고 울고 했니."

이런 격려의 말에도 별 위안이 되지 않는지 진실이는 아무 대꾸도 하지 않았다. 그러다 세상을 떠나기 3일 전 방에서 나오더니 모처럼 밝은 표정을 띠었다.

"엄마, 이모는 왜 매일 반찬이 없다고 그래?"

진실이는 부엌으로 가더니 냉장고를 열고 이것저것 식재료를 꺼내기 시작했다. 장조림도 만들고 가지도 볶고 뚝딱뚝딱 일고여덟 가지 반찬을 만들어 식탁에 올렸다. "엄마, 이것 좀 먹어봐, 저것도 좀 먹어보고" 하면서 예쁜 찬합에 반찬을 담아놓고는 즐거운 얼굴로 내게 물었다.

"엄마, 맛있어?"

"응, 어쩜 이렇게 맛있니."

그날 밤엔 마치 예전의 내 딸 모습으로 돌아온 것처럼 활기가 차고 생기도 넘쳤다. 그러더니 3일 뒤 그런 일이 일어났다.

진실이가 가기 며칠 전부터 온 식구가 몸이 아팠다. 환희까지도 숙제를 하면서 "할머니, 나 왜 이렇게 어지럽지?" 하고 말했다. 일하던 아주머니도 갑자기 어지럽다며 방에 들어가 누웠다. 나도 온몸에서 힘이 빠지면서 혼곤하게 졸음이 밀려왔다.

진실이가 떠나던 날, 나는 무서운 꿈을 꾸었다. 복면을 쓴 시커먼 남자 예닐곱 명이 우르르 집으로 몰려들어와 진실이에게 시커먼 보자기를 씌우더니 끌고 나갔다. 깜짝 놀라 벌떡 일어나보니 식은땀에 젖어 온몸이 떨렸다. 너무 끔찍한 악몽이었다. 몇 년째 딸이 어두운 표정을 하고 있던 터라 나 또한 심리적으로 몹시 압박을 받고 있는 상태였다. 그래서 그런 꿈을 꾼 것이려니 생각했는데, 그날 연이어 악몽을 꾸었다. 이번엔 황톳물이 집 안을 덮치는 꿈이었다. 불안한 마음에 새벽부터 기분이 좋지 않았다. 아침에 촬영을 간다며 나가는 진실이를 보고서야 안심을 했는데, 표정을 보니 굉장히 침울했다. 뭐라도 묻고 싶고, 오늘은 같이 있자고 하고 싶은데, 약속되어 있는 CF 촬영이라 그럴 수가 없었다. 그리고 그날 밤 진실이는 다시 돌아오지 못할 길을 떠났다.

몸이 굳어버린 진실이를 안고 울부짖다가 일하는 아주머니가 가져다주는 옷을 아무렇게나 걸치고 곧바로 병원으로 향했다. 이게 꿈인가 현실인가 도저히 분간을 할 수 없었다. 머릿속이 하얗게 되어 애들이고 누구고 아무도 떠오르지 않았다. 나는 오로지 내가 같이 가야 한다고, 그 먼 길을 내 딸 혼자 어떻게 보내냐고 울며 소리쳤다. 팔다리가 후들후들 떨리고 내 몸이 내 몸이 아닌 것처럼 말을 듣지 않았다.

"진실아, 진실아."

내가 딸의 이름을 부르며 목놓아 울고 있는 동안 진영이 또한 참담한 얼굴로 비오듯 눈물을 쏟고 있었다.

"누나가 한 줌 재가 되는구나."

진실이의 시신이 불 속으로 들어가던 날, 진영이는 참기 힘든 듯 하늘을 올려다보며 울었다. 딸의 육신이 담긴 항아리는 너무나 가벼웠다.

"우리 딸이 왜 이렇게 가볍지? 내 딸이 왜 이렇게 가벼워요? 누가 내 딸 좀 살려주세요."

나는 같은 말만 수없이 반복하고 있었다. 사람들이 절망스러운 표정으로 나를 바라보았다. 그리고 다들 내 눈을 피했다.

나는 아무나 붙잡고 내 딸이 무슨 잘못을 했느냐고 묻고 싶었다. 지은 죄가 있다면 엄마 잘못 만난 죄밖에 없고, 사죄할 일이 있다면 내가 해야 한다고. 그렇게 가버린 딸이, 하늘이, 세상 사람들이 원망스러웠다.

내가 딸을 잃은 고통에 몸부림치고 있을 때 누나를 잃은 진영이의 고통 또한 이루 말할 수 없었나 보다. 3월 무렵부터 나는 괜히 불안했다. 누가 진영이를 좀 도와주었으면 싶었고, 막연하게나마 구원을 청하고 싶었다. 실체를 알 수 없는 초조함은 점점 더 심해졌다. 진영이를 아는 몇몇 사람에게 전화를 걸어 내 불안한 마음을 전하고 진영이를 걱정했지만 다들 괜찮을 거라고 했다. 하지만 진영이는 내 예감대로 홀연히 누나의 뒤를 따라갔다.

진영이의 몸을 끌어안고 진실이 때와 똑같은 상황을 겪던 날, 나는 내 자신이 살아 있는 것 같지가 않았다. 온기 한 점 없이 차갑게 식은 아들의 몸을 끌어안고 잔인한 운명 앞에 눈물만 쏟았다.

진실이가 떠난 뒤 나는 남겨진 환희와 준희를 챙기느라 진영이에게는 신경 쓸 여력이 없었다. 그저 스스로 잘하겠거니 믿고 가만히

진실이 때와 똑같은 상황을 겪던 날,
나는 내 자신이 살아 있는 것 같지가 않았다.

두고 보았다. 우리 가족에게 진실이의 빈자리는 너무나 컸기에, 은연중에 진영이는 누나의 자리를 대신 채워야 한다는 중압감에 힘들어했던 것 같다. 누나의 죽음에 대한 상처가 깊은 상태에서 아무것도 할 수 없는 무력감에 시달리고 있었던 것이다.

누나를 지켜주지 못한 자책감에 못 견뎌하던 아들은 삶의 갈피를 잡지 못하고 자주 지친다는 말을 했다. 아무리 아니라고 해도 믿지 않는 사람들과, 타인의 시선에 자유롭지 못한 자신을 감당하기 힘들었던 것이다.

지친다…….
사람이란 것에 지치고,
살아온 것들에 지치고,
…….

이런 나 때문에 지친다…….

진영이가 남기고 간 홈페이지의 글을 보며 그간의 마음고생을 읽을 수 있었다. 딸을 먼저 보낸 것도 모자라 아들까지 먼저 보내야 하는 엄마의 심정을 조금이라도 헤아렸다면 아무리 힘들어도 저 혼자 훌훌 떠나지는 못했을 텐데…… 야속한 녀석…… 진영이마저 그렇게 가고 난 뒤 내 가슴은 있는 대로 피멍이 들었다.

"엄마, 누나 외롭겠지? 혼자 있으면 무서울 텐데. 겁도 많은 게…… 어쩌자고…… 겁도 없이……."

술을 잔뜩 먹고 들어와 혼잣말을 하던 그 심정을 내가 왜 모를까. 진영이가 아파할 때마다 내 가슴도 무너져내렸다. 어릴 때부터 콩 한 쪽이라도 나눠먹던 남매였다. 더구나 진실이는 진영이에 대한 감정이 더없이 애틋했다. 자신에게 등록금을 먼저 양보하던 착한 동생이라고, 진영이 일이라면 발 벗고 나서서 도와주었다.

"엄마, 진영이가 여려서 걱정이야. 빨리 좋은 짝 만나 안정되게 사는 모습을 봐야 할 텐데."

진실이를 보내고 진영이는 가끔 한밤중에 갈 데도 없는 것 같은데 오토바이를 타고 어디론가 사라졌다. 이 밤에 어디 가냐고 물으면 만날 사람이 있다며 집을 나섰다. 그러곤 새벽 한두 시가 돼서야 돌아왔다. 잠을 못 이루고 있다가 얼른 나가보면 실내에 있다 온 것 같지 않고 바깥에서 춥게 있다가 온 사람 같았다. 아침에 오토바이 바퀴를 보면 흙이 잔뜩 묻어 있었다. 진실이 묘에 갔더니 그곳을 관리하는 분이 "얼마 전에 최진영 씨가 다녀갔습니다"라고 했다. 알고 보니 진영이는 누나 묘에 가서 한 시간이고 두 시간이고 앉아 있다가 집으로 돌아오곤 했던 것이다.

"밤에 공동묘지를 왜 가니? 누나만 있는 것도 아니고. 앞으로 밤에 가지 말고 가고 싶으면 낮에 가도록 해."

"내버려두세요. 낮에 가면 사람들 만나는 게 싫어서 그래요."

누나가 살던 빈집에 혼자 가서 누워 있다가 오는 경우도 잦았다. 이번에도 관리 아저씨가 진영이가 어제도 오고 그제도 왔다 갔다고 전해줘서 알았다. 빈집에 뭐 하러 가서 누나 침대에 누워 있다 오는지 애가 탔다. 진실이가 있을 때는 잘 모르다가 누나가 없으니 가장 친한 단짝을 잃은 것처럼 시름에 빠져 살고 있었다. 진영이는 원체 말이 없어 나에게도 속내를 잘 드러내지 않았다. 그런 진영이가 어릴 때부터 제 누나에게만은 모든 비밀 이야기를 다 했다. 섬세하고 예민한 성품이라 작은 일에도 상처를 잘 받아서 진실이가 진영이 걱정을 많이 했다.

  "진영아, 넌 정말 천복을 받은 거야. 넌 평생 연기를 할 수 있잖니. 그러니 기운 내서 씩씩하게 살아. 환희, 준희를 위해서라도 말야."

  내가 간절하게 말해도 묵묵부답 대꾸가 없었다.

  진영이가 죽기 전 날 제 방에 환희를 불렀다. 내가 아이들 데리고 교회에 가려고 준비를 하고 있는데 환희가 안 보였다. 환희를 부르니 삼촌하고 있다는 소리가 이층에서 들려왔다. 올라가보니 둘이 한 침대에 누워 뭐라고 속닥이고 있었다.

  "환희야, 늦었어. 교회 가야 돼. 진영이는 밥 잘 챙겨먹고."

  교회에 가면서 환희에게 물었다.

  "삼촌이 뭐라고 그랬어?"

  "'환희는 삼촌 없으면 누구하고 살지?' 하고 물었어."

  "또 뭐라고 했어?"

"환희는 축구를 좋아하는데 삼촌이 축구장에도 데리고 가고 그래야 하는데 그거 못해줘서 미안해'라고 했어."

환희 이야기를 들으니 마음이 심란했다. 한 달 전부터 진영이를 보면 불안해서 잠도 안 왔다. 밤에 자다가도 벌떡 일어나 방에 올라가 보면 불이 켜져 있었다.

"엄마 들어가도 돼?"

"응."

"잠 안 자고 뭐 해? 학교 공부는 잘되니?"

"그럭저럭."

다른 학생들보다 늦은 나이에 대학을 다니려니 힘들 터였다. 그렇게라도 몇 마디 하고 내려오면 안심이 되었다. 그러다가도 방에 불이 꺼져 있으면 무슨 일이 일어났나 싶어 후다닥 올라가보곤 했다. 하루 두 끼도 제대로 안 먹는 아들을 보고 있으면 애가 탔다. 하루빨리 진영이가 참한 사람과 결혼해 가정을 이루면 내 불안증도 좀 가실 것 같았다. 하지만 진영이는 결혼에 뜻이 없었다.

"엄마, 나에게는 나쁜 피가 흘러. 아빠에게 물려받은 나쁜 피. 괜한 사람 데려다가 고생시키고 싶지 않으니 나 혼자 살게 내버려둬요."

어린 시절, 계속되는 아빠의 외도로 인해 받은 상처가 깊어선지 진영이는 결혼 생각을 하지 않았다. 그 모습을 보고 있으면 절로 한숨이 새어나왔다. 아이들이 어릴 때부터 나는 진실이보다 진영이가 더 걱정되었다. 힘들어도 저 혼자 속으로 꾹꾹 참는 스타일이어서 애

늙은이 같은 면이 있었다.

　진실이가 떠난 뒤 엄마가 좀더 강한 모습을 보여줬어야 했는데, 나라도 의지가 되는 사람이었어야 했는데, 그러지 못했다.

　진영이의 굳은 몸도 진실이처럼 가벼웠다. 나는 미쳐갔고 나중에는 울 기력조차 없었다. 두 자식을 그렇게 보내고 한동안 사람들을 피했다. 살아 있는 것이 죄스러운 시간이었다. 지금도 두 자식을 보낸 그날이 떠오르면 심장이 죄어오는 것처럼 답답하다. 눈을 감는 순간까지 내가 지고 가야 할 내 몫의 짐이다.

지켜주지 못해 미안해

진실이는 그 일이 있기 전 자주 힘들다는 말을 했다. 하루는 아이들 앞에서 죽고 싶다고 하기에 내가 몹시 화를 냈다.

"너 애들 앞에서 그게 무슨 소리니? 빈말이라도 그런 소리 절대 하지 마. 네가 책임져야 할 자식들을 앞에 두고 왜 그런 말을 해. 너희들 어렸을 때 엄만 먹을 것도 없고, 입을 것도 없고, 돈도 없고, 너처럼 재주가 없어도 몸뚱이 하나로 너희 둘 데리고 살아왔어. 그런 나도 살았는데 너는 나보다 열 배, 백 배 더 좋은 조건을 가지고 있으면서 왜 그런 말을 해. 단지 남편 없는 거, 그거 하나 서러운 거지 뭐가 부족해서 죽네 사네 그런 소리를 해."

그럼 또 진실이는 진실이대로 마음이 상해서 더 이상 말을 하지 않았다. 그때 타박만 하지 말고 더 너그럽게 감싸줄걸, 몹시 후회가 된다.

내가 처음 결혼해서 구파발에 살 때 우리집엔 수도는커녕 펌프도 없어서 골짜기 도랑물 내려오는 데서 채소도 씻고 빨래도 했다. 그때는 고무장갑도 없었다. 한겨울에 맨손으로 빨래를 하고 나면 손이 다 오그라들 정도로 시렸다. 뒷산에 가서 맨손으로 나무를 하다 보면 곱던 손이 어느새 다 망가졌다. 남의 밭에서 배추시래기 주워 반찬해 먹고, 벼 베고 나면 남은 이삭들 주워 절구에 빻아서 밥을 해 먹기도 했다. 정말 안 해본 고생 없이 아이들을 키웠는데 아이들은 대한민국 최고 스타가 되고서도 힘들다는 말, 죽고 싶다는 말을 자주 했다. 나는 그럴 때마다 배부른 소리 그만하라고 나무라곤 했다. 진실이의 말에 좀더 귀를 기울였어야 했는데, 내 경험의 잣대만 가지고 충고만 해댔으니 나는 너무 무심한 엄마였다.

진실이는 연예인이 되고부터 성격이 바뀌었다. 어릴 때는 굉장히 밝고, 잘 웃고, 이야기도 잘하고, 느긋했는데 언제부터인가 빨리빨리가 습관이 되면서 성격이 급해졌다. 슬픔이나 우울도 수시로 느꼈다. 대화를 잘 하다가도 어느 순간 쓸쓸해하고 울컥울컥 화를 냈다. 일할 때는 신들린 것처럼 하다가도 집에 들어와 옷 갈아입으러 들어가 한참을 안 나와서 문을 열어보면 방 한가운데 우두커니 서서 "외로워, 외로워" 혼잣말을 해댔다. 그때 들어가서 어깨라도 쓰다듬어주고 무슨 걱정이라도 있냐고 다정하게 물어봤어야 했는데, 내가 원체 무뚝뚝한 성격이다 보니 그러지를 못했다. 나는 나대로 속절없이 늙어가는 나 자신을 보며 인생이 허무하기만 했다. 외로운 마음을 알아주고 포옹해주고 더 다정다감하게 옆에서 챙겨주고 했다면 어땠을까. 덜 외로웠을 테고, 그랬으면 그렇게 허망하게 떠나지는 않았을 것이다. 지금 생각해보니 모든 게 아쉽기만 하다.

밤에 잘 때 문을 열어보면 진실이는 큰 침대에 덩그러니 누워 새우처럼 꼬부리고 자고 있었다. 그 모습을 보면 안타까웠다. 엄마 닮아 외로움을 너무 타는 건 아닌지 가슴이 아팠다.

누구 한 사람 옆에서 말 들어주고, 조언해주고, 같이 울어줄 사람이 있었다면 그런 선택까지는 하지 않았을 텐데, 딸 곁에는 아무도 없었다. 세상을 떠나기 얼마 전부터 진실이는 급속도로 피폐해져갔다. 가깝게 지내던 사람들조차 진실이를 피하는 눈치였다.

"다들 왜 내 전화를 안 받을까?"

진실이가 처한 상황이 안 좋다 보니 친한 이들도 조심하는 것 같았다. 나는 옆에서 혼자 괴로워하는 딸의 모습을 무력하게 바라볼 수밖에 없었다.

"엄마, 영자 좀 불러줘. 영자가 옆에 있으면 나 좀 안심이 될 것 같아."

영자도 사생활이 있는데 언제나 진실이 곁에 있을 수는 없었다.

"진실아, 힘들어도 네가 이겨나가 봐. 자꾸 누구에게 의지하려고 하면 나중에 더 힘들어져."

내 말이 맞다고 여겼는지 또 방에 들어가 몇 시간이고 울적하게 앉아 있었다. 그 많다던 친구들이 힘든 시기가 닥치니 한 사람도 제대로 떠오르지 않았다. 그래서 주위에 사람 많다고 자랑하는 게 아니구나, 그게 다 헛된 거구나 하는 생각을 하게 됐다.

예전에 진실이 팬이 보내준 편지에 감동적인 시가 적혀 있었다. 따로 메모해놓았는데, 오늘 그 시가 생각난다. '만리 길 나서는 길 / 처자를 내맡기며 / 맘놓고 갈 만한 사람 / 그 사람을 그대는 가졌는가 // 온 세상이 다 나를 버려 / 마음이 외로울 때에도 / '저 맘이야' 하고 믿어지는 / 그 사람을 그대는 가졌는가 // 탔던 배 꺼지는 시간 / 구명대 서로 사양하며 / '너만은 제발 살아다오' 할 / 그 사람을 그대는 가졌는가……'

이런 친구 한 명만 있어도 세상을 헛살았다는 느낌은 들지 않을 것이다. 이런 친구 한 명만 있었어도 진실이는 혼자 외롭게 먼 길을 떠날 결심을 하지 않았을 것이다.

"엄마, 나에겐 아무도 없네. 아무도…… 나를 믿는다고 말해주는 사람이 아무도 없어……. 내가 잘못 살았나 봐, 내가 뭘 모르고 살았나 봐……."

진실이에게는 누구보다 인생의 조언을 해줄 참다운 선배가 필요했다. 그토록 어둡고 깊은 고해의 바다를 항해하고 있을 때 등대 불빛처럼 환하게 길을 비춰줄 좋은 선배나 스승이 있었다면 그처럼 힘든 결심을 하지는 않았을 것이다.

진실이와 마찬가지로 진영이에게도 사람이 없었다. 진영이가 불안해하는 모습을 보일 때 누구 하나 불러도 와주지 않았다. 누구 하나 마음 편하게 와달라고 부탁할 사람이 없는 그 상황이 비참해서 나는 하염없이 눈물만 흘렸다. 진실이와 진영이가 좋다던 그 많은 사람은 다 어디로 갔을까……. 어디로 사라졌을까…….

"엄마는 어떻게 아들 장가도 못 보내? 나이 든 아들이 있는데 걱정도 되지 않아? 왜 다른 집 엄마들처럼 안 그래?"

진실이가 원망하는 투로 내게 이런 말을 했을 때 나는 많이 섭섭했다.

"엄마가 어디 쉬는 사람이야? 매일 너희들 뒷바라지하느라 바쁜데…… 엄마가 누굴 만나러 다니면 또 몰라. 모임이나 동창회 같은 델 나가야 부탁을 하고 그러지."

어쩌다 만나는 사람들에게 사윗감, 며느릿감을 알아봐달라고 하면 다들 아들, 딸이 예쁘고 잘생겼는데 만나는 사람이 왜 없겠냐며 지레짐작으로 앞질러 가곤 했다.

내가 사교성이 떨어져 그런지, 사람들이 그런 식으로 말하면 더 이상 말을 보태기가 싫었다. 그러고 보니 자식들을 위해 백일기도를 드리느니, 치성을 드리느니 해본 적이 없다. "너희들 일은 너희 힘으로 해"라고 말해주는 것이 내가 아이들에게 해줄 수 있는 최대

" 가족이라는 울타리 안에서는 모두가 웃고 있지만
울고 있는지 모르겠다!
울고 있지만, 웃고 있는지도 모르겠다.
서로가 서로에게 그 뒷모습은 더 아름답다.
가장 가까이 있어, 볼 수 없는 그곳에 있어서일까?
나한테만 가족이란 이름이 이렇게나 시린 것일까.
사랑한단 말도 자주 못하면서
그보다 더 절절한 단어들을 찾아 헤매는지,
할 수 없다. 가족이니까.
그들이 있어, 내가 있다는 걸 자랑하고 싶으니까. "

한의 응원이었다. 그러나 아이들이 세상을 떠나고 난 뒤 내가 옳다고 믿었던 그런 행동들마저 나를 괴롭히는 자책감의 원인이 되었다. 좀더 적극적으로 도와주는 엄마가 될걸, 좀더 감싸주고 사랑한다는 말도 자주 해주고 더 많이 아껴줄걸. 환희 아빠하고 문제가 있을 때도 나는 진실이를 먼저 나무랐다. 사람이 늘 한결같기는 어려우니 시간이 지나면 괜찮아진다고, 네가 참을성이 부족한 건 아닌지 생각해보라며 나무라기부터 했다. 그렇게 아팠냐고 귀 기울여 들어주고 힘내라고 손도 잡아줄걸, 나는 그러지 못했다.

남편이 내게 험하게 굴 때 진실이와 진영이는 온몸으로 응원해주고 막아줬는데, 엄마에게 그러지 말라고 소리치고 같이 아파해줬는데, 나는 왜 그렇게 하지 않았을까? 뭐가 무서워서, 내 딸은 사채 같은 거 한 적 없다고 큰 소리로 항변 한번 못했을까? 너희를 결국 지켜주지 못했으니 그 어떤 변명도 하고 싶지 않은데, 너희는 왜 엄마를 이렇게 미안한 일 많은 사람으로 만들고 가버린 거니? 엄마는 너희만 생각하면 자꾸 죄인이 된다.

장밋빛 인생 같은 삶

진실이는 활동을 접고 3년 정도 쉬는 동안 늘 불안해했다. 20여 년간 대중의 사랑을 받으며 연기를 해오다 불미스러운 일로 뜻하지 않게 공백기를 갖게 된 것은 힘든 시련이었다. 현실을 받아들이기가 쉽지 않았다. 이 과정에서 진실이는 자신감을 잃었다. 자기 삶을 실패한 인생이라고 말했다. 사람들에게 버림받았다는 피해의식도 있었고 자괴감도 컸다. 가장 높은 자리까지 올라갔다가 한 번에 땅 밑으로 추락하는 경험을 해보지 않은 사람은 그 고통을 모를 것이다. 나는 딸의 절망을 옆에서 아프게 지켜보며 그 고통을 함께 느껴야 했다. 언제부턴가 진실이는 기가 죽어 있었다. 그런 모습을 들키지 않으려고 남들 앞에서는 더 강한 척했지만 속은 이미 곪을 대로 곪아 있다는 걸 엄마이기에 알 수 있었다.

"네가 왜 실패한 인생이야? 그렇게 자책하지 말어."

"엄마, 나는 실패했어. 아무것도 모르고 철부지처럼 살았던 거야. 사람들이 날 보며 환호해주니까 그게 전부인 줄 알고……."

진실이는 고등학교 졸업 후 사회생활 경험도 별로 없는 상태에서 연예계에 데뷔했고, 이후 급작스레 큰 사랑을 받았다. 그러니 사회에서 사람들과의 관계를 어떻게 맺어야 하는지 미숙했다. 열이면 열 사람들이 모두 앞에서 칭찬을 해주니 좋은 소리 듣는 데만 익숙했다. 한창 인기 있을 때는 칭찬만 받다가 점점 안티도 생기고 큰 사건들이 터지면서 대중으로부터 외면을 받았으니 본인이 느끼는 비참함은 이루 말할 수 없었다.

뭘 숨기고 감출 줄도 몰라서 기쁘면 기쁜 게, 화가 나면 화난 게 고스란히 드러나는 성격이었다. 돌려서 말할 줄도 모르고, 어찌 보면 천진한 아이처럼 느낀 대로 속이야기를 다 했다. 그래서 오해도 받고 때로 미움도 받았다. 이런 성격을 엄마인 나라도 옆에서 조율해줬어야 했는데, 나도 갱년기를 맞이하면서 컨디션에 따라 종종 감정의 기복이 심했고 인생이 덧없게만 느껴졌다. 더구나 연이어 일어난 일들로 나 또한 진실이 못지않게 마음고생이 심했다.

진실이의 공백기 3년간 모든 가족들도 진실이만큼 힘들어했다. 이런 상황에서 신이 준 선물처럼 〈장밋빛 인생〉이란 작품이 들어왔다. 진실이는 진심으로 이 작품을 하고 싶어 했다. 여러 가지 우여곡절을 겪으며 캐스팅이 되었을 때 진실이는 가족들에게 선언을 했다.

"이 작품을 찍는 동안 집안일은 완전히 폐업을 할 테니 애들 잘 건사해줘요. 집안일에 전혀 신경 쓰지 않도록 엄마와 이모가 살림을 도맡아서 해줘야 내가 잘해나갈 수 있을 것 같아."

진실이는 이 작품에 사활을 건 사람처럼 온힘을 다 쏟아부었다. 밤중에 엄마를 부르는 소리가 들려 달려가보면 대본 연습을 하느라 정신이 없었다. 자기 대사를 노트에 다 정리해서 열 번이고 백 번이고 연습하고 또 연습했다. 밤새도록 대본을 붙잡고 놓지를 않아서, 방해가 될까 봐 말도 못 붙이고 가만히 과일 접시를 밀어넣어주고 살며시 나오곤 했다. 나중에 보면 과일 한 조각 안 먹고 대본 연습을 하다가 그대로 쓰러져 자고 있었다.

촬영에 들어가서는 일주일에 한 번 정도 겨우 얼굴을 볼 만큼 바빴다. 집에 들어와서도 허둥지둥 밥 먹고 의상 준비하고 애들 얼굴 한 번 들여다보고 급하게 나갔다. 드라마 전개 중반쯤 되니 몸무게가 7킬로그램이나 빠져서 저 몸으로 어떻게 연기를 하나 걱정이 되었다. 연기를 하면 자기를 잃어버리고 역할에만 푹 빠져 살았다. 〈장밋빛 인생〉의 맹순이가 마치 자신인 것처럼 혼신의 힘을 다해 연기했다. 진실이가 나오는 드라마를 보면서 나도 가슴을 부여잡고 눈물을 평평 쏟으며 손수건을 여러 장 적실 정도였다.

〈장밋빛 인생〉을 통해 진실이는 다시 대중 곁으로 다가설 수 있었다. 진실이는 이 작품을 통해 사람을 얻었다고 했다. 힘든 선택이었을 텐데 자신을 캐스팅해준 김종찬 PD, 문영남 작가, 함께 연기한 손현주 씨 등 고마운 사람이 너무 많다고, 이분들과 꼭 다시 다른 작품

> 나의 삶이 어떤 방향으로 움직이고 있는지,
> 그 지긋지긋한 기억들로부터 도망치는 데
> 대부분의 삶을 바치고 있는 나.
> 왜, 난 나 자신을 좀 더 아끼고 사랑하지 못하는 걸까?

을 하고 싶다고 했다.

작품이 끝나자 진실이는 한동안 깊은 병을 앓고 나온 사람처럼 보였다. 재기에 성공했으니 환하게 웃으면 좋으련만 좀처럼 웃지를 않았다. 힘든 산고를 치른 사람처럼 혈색이 없었다. 스스로의 인생을 다시 돌아보고 있는 것 같았다.

진실이가 가장 힘들어했던 것은, 자신도 모르게 환희 아빠가 이혼 후 다른 여자와 혼인신고를 마쳤고 그 밑에 환희와 준희 이름이 올라가 있다는 사실이었다.

"왜 내 자식 이름이 그 여자 밑에 올라가 있는 거야? 왜 그래야 하는 거야? 그렇게 아니라고 잡아떼더니 어떻게 그럴 수 있어!"

진실이는 맹순이처럼 가슴을 치며 울었다.

"진실아, 제발 신경 쓰지 말아. 다 지난 일이야. 집착을 끊어."

마음이 떠난 사람을 다시 붙잡을 수는 없다는 걸 진실이는 몰랐다. 내 딸이지만 어찌 그토록 미련했는지, 엄마의 일편단심만은 절대 안 닮을 거라더니…… 그 뒤로 진실이는 환희 아빠 뜻에 따라 지었던 둘째 이름을 수민이에서 준희로 개명했다. 영특할 준(焌)에, 기쁠 희(熹)를 넣어 이처럼 자라주길 바라는 엄마의 소망이 담긴 이름이었다. 그리고 성도 최 씨로 바꿔 최준희, 최환희가 되었다. 이로써 진실이는 무소의 뿔처럼 홀로 씩씩하게 살겠다는 의지를 드러냈다.

〈장밋빛 인생〉에 이어 〈내 인생의 마지막 스캔들〉 또한 시청자들의 사랑을 많이 받았다. 이 드라마를 촬영할 때는 매우 즐거워했다. 표정이 생생하게 살아서 예전처럼 건강해 보였다. 시청자들에게 웃음을 주면서 한 회, 한 회 촬영하는 일을 보람되게 여겼다. 꾸준히 이렇게 연기에 매진하면 불행한 기억도 곧 잊을 수 있을 것처럼 보였다.

하지만 사채설이 터졌고 진실이는 헤어나오기 힘든 나락으로 한없이 떨어져내렸다. 다들 자신을 사채업자로 볼 텐데 어떻게 얼굴을 들고 다니느냐고, 앞으로 누가 자신을 믿어주겠느냐며 괴로워했다. 그래서인지 CF 촬영이다 뭐다 해서 밖에 나갈 때마다 "아휴, 힘들어" "너무 힘들어" 하면서 힘들다는 말을 달고 살았다.

힘들다고 울상을 짓다가도 아이들 운동회나 소풍날이 되면 언제 그랬냐는 듯이 웃으면서 김밥도 말고 과일도 깎아 정성스럽게 도시락을 준비했다. 환희 운동회에 가보면 엄마들이 다들 배우처럼 치장을 하고 오는데 진실이는 오히려 평범한 아줌마처럼 하고 갔다. 요즘 엄마들은 내 나이 대와는 다르게 30~40대도 20대처럼 멋쟁이들이 많다. 한번은 엄마들 모임에 나가는데 진실이가 '난닝구'라고 불러도 될 것 같은 하얀색 티셔츠를 걸치고 있었다.

"옷 다 놔두고 왜 축 늘어진 반팔 티야? 거기다 너덜너덜한 반바지는 또 뭐니? 딴 것 좀 입지 그랬어."

남 보기에도 그렇고, 그래도 명색이 연예인인데 예쁘게 입고 다니면 좋으련만 그런 복장이 편하다며 모자를 푹 눌러쓰고 나갔다. 운동회 가서도 보면 옷에 뭐가 묻었는지도 모르고 털털하게 하고 다녔다.

친구들하고도 밖에 나가 뭘 사먹고 돌아다니는 것보다 집에서 해먹는 걸 좋아했다. 찬밥에 김치 넣고 팔팔 끓여서 국밥을 해먹는 것도 좋아했고, 밥이 모자라면 밀가루를 반죽해 수제비 뚝뚝 끊어 넣고 금세 한 상을 차렸다. 뭘 해도 손이 빨라 뚝딱뚝딱 맛있는 찬을 만들어냈다. 비오는 날이면 김치부침개 만들어 먹자고 하고, 참치캔이라도 하나 있으면 맛있는 술안주를 만들어 내놓았다. 집에 누가 오면 일단 먹이기부터 했다. 국수 삶아서 매운 풋고추를 송송송 썰어 넣고 김치와 버무려 한 그릇씩 가져다주면 다들 땀을 뻘뻘 흘리면서 맛있게 먹었다. 가만히 지켜보면 내 딸은 화려한 걸 바라지도 않고 귀족적으로 살려고도 하지 않았다.

한번은 내가 백화점으로 진실이를 끌고 갔다. 연예계에 데뷔한 지 10년쯤 되었을 무렵이다.

"엄마가 사줄 테니 밍크코트 한 벌 골라."

"내가 무슨 밍크야?"

"시상식 같은 자리 가려면 너도 밍크코트 한 벌쯤은 있어야 해. 다른 배우들은 해외 나가면 근사한 옷도 사오는데 너는 이제껏 그런 적 없잖아. 네 나이도 있고 이제 비싼 옷 한 벌 정도는 있어야 돼."

여기저기 알아서 협찬을 해주니 진실이는 따로 옷을 살 필요를 못 느꼈다. 해외 촬영이라도 나가면 엄마와 동생 선물은 챙겨도 자기 것은 잘 사지 않았다. 기껏 사도 싼 것만 골라왔다. 20여 년의 배우

생활 동안 백화점 가서 물건을 사는 일보다 동대문이나 남대문 돌아다니며 옷 고르는 일이 더 많았다. 결국 진실이는 내가 사준 밍크코트를 단 한 번 입은 후 10년간 옷장에만 고이 모셔놓았다. 왜 안 입느냐고 물으면 너무 화려해서 불편하다고 했다. 지금도 그 옷은 진실이의 옷장에 걸려 있다. 그 옷만 보면 저 옷 한번 실컷 못 입어보고 갔다는 생각에 또 눈물이 흐른다. 한창 젊은 나이에 저 혼자 그 많은 짐을 지고 무슨 마음으로 그 먼 길을 떠났을까……

〈장밋빛 인생〉의 주인공처럼 짧지만 최선을 다해 열정적인 삶을 살다간 내 딸과 아들을 떠올리면, 배우로서는 원없이 아름다운 삶을 살았다는 생각이 들다가도 개인적인 삶은 너무 불행했다는 생각에 가슴이 미어진다. 혼자 있을 때 나는 아이들을 향해 묻곤 한다.

"엄마만 두고 가니까 고소하지? 엄마가 힘들어하는 모습 보면서 둘이 웃고 있는 거니?"

원망스러운 마음에 밉다는 말도 수없이 한다. 그리고 가난했어도 냄비에 밥숟가락 세 개 꽂아놓고 함께 먹던 때, 그때가 정말 행복했다고 말한다. 얘들아, 엄만 그 시절이 참 행복했었다. 연탄광에서 잠을 자도 너희와 함께 있어서 부러울 것이 없었다.

진실이와 진영이는 지난날의 내 힘든 삶을 보상해주겠다며 정말 열심히 살았다. 두 아이가 떠난 빈자리가 말할 수 없이 크지만 그래도 힘을 내서 이 삶을 마칠 때까지 최선을 다해 환희, 준희를 힘껏 껴안아주려고 한다. 진실, 진영이에게 못다 준 사랑을 다해서.

이제는 부디
편안한 마음으로 떠나길…

　아무리 보고 싶고 그립더라도 이제는 두 아이를 편안한 곳으로 보내줘야 한다는 생각이 부쩍 든다. 마음이 아파서 아이들이 살던 집을 정리하지 못하고 그대로 두었다. 진실이와 진영이가 남기고 간 재산은 각자 살던 집이 전부다. 아끼고 아껴서 환희, 준희를 키우고 다 자랐을 때 얼마간의 돈이라도 남아 있으면 학비로 주려고 한다. 세간의 시선처럼 우리는 재산이 많지 않다. 그동안 한없이 부풀려진 소문이 많았다. 진실이가 톱스타일 때는 돈을 잘 벌었지만 안 좋은 일들을 겪으면서 모아놓았던 재산을 곶감 빼먹듯이 써야 했다.
　인생이 손바닥 뒤집듯이 바뀌면서 나는 무수히 하느님을 원망했다. 아이들이 살아 있을 때만 해도 감사기도를 자주 드렸는데, 두 아이를 보낸 후에는 내게 왜 이런 형벌을 주시느냐고 울부짖었다. 하느님이 계시다는 사실이 믿기지 않아 한동안 교회에도 가지 않았다.

라면 하나 먹으면서 찬바람 막기도 어려운 집에서 살게 하다가 아이들이 모든 사람이 선망하는 연예인을 만들어 잠깐의 행복을 맛보게 해주시더니 왜 다시 비참함 속에 빠뜨리시느냐고 통곡을 하며 울었다. 하루에도 몇 번씩 이승과 저승에 한쪽 다리를 걸쳐놓고 살았다. 누가 곁에 있는 것도 싫어서 매일같이 혼자 울며 지냈다. 두 자식을 앞세우고도 뻔뻔하게 얼굴 들고 돌아다니는 어미 같아서 밖에 나가지도 않았다. 딸이 가고 난 뒤에는 대중목욕탕에도 가지 않았다. 사람들이 모이는 곳은 다 싫었다. "어떻게 지내세요?"라고 물으면 대답할 말이 없어 의미 없이 "네, 네, 네" 대답만 하고는 자리를 피했다.

나는 항상 자식들이 어려웠다. 시골 오지에서 태어나 제대로 교육도 못 받고 자란 나에게서 어떻게 이런 아이들이 태어났을까 싶게 두 아이는 특별했다. 이런 아이들을 끝까지 제대로 지켜주지 못한 슬픔은 이루 말할 수 없다.

사람이다 보니 때때로 챙겨야 할 사람들을 못 챙길 때가 있다. 진실이와 진영이가 바빠서 주변을 챙기지 못하면 나라도 챙겨야 했는데 나 또한 여유가 없었다. 이제 와서 내 부족함 때문에 아이들이 혹 욕을 먹지는 않았을까 하는 자책감도 생기고 이런저런 사념이 많아진다.

죽어서도 어이없는 일로 곤욕을 치르는 아이들을 보면서 가슴이 찢어졌다. 진실이의 유골함을 도난당한 것도 기막힌데 이번에는 두 아이의 묘가 사유지를 불법 개간해서 조성한 땅이라는 사실이 드러났다. 진영이의 묘 우측은 공원 소유지만 반대편은 사유지라는 것이다. 사유지의 경계가 되는 곳에 묘가 맞닿아 있어 강제 이장될지도 모른다고 했을 때 하늘이 주저앉는 것 같았다. 연이어 자식을 잃은 슬픔도 감당하기 어려운데 꿈에도 생각해보지 않은 일까지 일어나니 참담하기만 했다. 왜 이렇게까지 사람을 힘들게들 하는 걸까. 눈물이 비오듯 쏟아졌다. 산 사람은 물론 죽은 사람까지 괴로운 일이었다. 아직도 묘지 허가 건이 해결되지 않아 벙어리 냉가슴 앓듯 기다리고 있다.

 진영이는 떠나기 전 홈페이지에다 '불어라, 바람. 씽씽 불어라, 내 무덤가에 꽃을 심어라'라는 글귀를 남겨놓았다. 둘 다 어린 시절부터 꽃을 좋아했다. 그래서 묘지에 장미꽃과 패랭이꽃을 심어줬다. 내가 살아 있는 동안 묘지 문제만은 해결해주고 가야 한다. 그리고 사계절 내내 아이들이 꽃향기를 맡을 수 있도록 정성스럽게 가꿔주고 싶다. 이런 간절한 바람이 어서 빨리 이루어지기를 기도한다.

 요즘 젊은 친구들이 가장 선망하는 직업이 연예인이라고 하던데 진실이와 진영이를 지켜보며 느낀 건 연기자로 사는 일이 보통 힘든 일이 아니라는 점이다. 작품이 잘되면 좋지만 잘 안되면 부담감과 책임감이 이루 말할 수 없이 크기 때문에 우울증이 생길 수밖에 없다. 연예인들이 감정 기복이 심할 수밖에 없는 이유다. 이럴 때 현명한 친구, 선배, 그리고 가족의 역할이 중요한데 주위에 기댈 사람이 없으면 누구라도 우리 아이들처럼 위험한 생각을 할 수 있다. 힘들 때 말동무가 있다는 것은 정말 큰 선물이고 위안이다.

연예인이라고 하면 화려한 모습만 보는 경우가 많다. 그러나 실제 화려하게 사는 사람은 몇 되지 않는다. 한 작품을 하며 개런티를 높게 받으면 그만큼 실적을 내야 하기 때문에 그 중압감은 이루 말할 수 없다. 톱스타가 되면 또 그 자리를 지키기 위해 늘 긴장 속에 살아야 한다. 주인공 역할을 맡다가도 조연으로 떨어질 수 있고, 하루아침에 작은 배역 하나 못 맡는 처지가 되기도 하기 때문이다.

다행히 진실이와 진영이는 대중들에게 오래 사랑을 받으며 스타의 자리를 지켰지만, 간혹 재능은 있어도 힘들게 고생만 하는 연기자도 제법 있다. 그들을 바라보고 있으면 미안하기도 하고 안쓰럽기도 했다.

진실이도 촬영 전날 잠을 못 이룰 때가 많았다. 심적인 부담이 컸기 때문이다. 그렇게 밤을 꼬박 새우고 나가면 내가 지켜보기에도 안타깝고 불안하게 연기를 하는 경우가 있었다. 수면 부족으로 비몽사몽인 애를 업고 차에 태워 촬영장에 데리고 간 적도 있었다. 촬영은 여러 스태프들과의 약속이기 때문에 웬만큼 몸이 아프지 않으면 꼭 가야 한다. 일이 벌어진 그날도 진실이는 아픈 몸을 이끌고 이를 악물면서 촬영장으로 향했다. 마음 같아서는 오늘 하루 쉬면 안 되겠냐고 붙잡고 싶었다. 당시 심적으로 굉장히 힘들어할 때라 몸이 급속도로 안 좋아진 상태였다.

　이제 나는 진실이가 여러 의혹들로부터 벗어나 자유롭게 먼 길을 가기를 바란다. 남은 가족들 걱정하지 말고 하늘나라에서나마 평온하기를…… 그리고 그간 많은 사람에게 받은 사랑만 기억해주기를 바란다.

　'아름다운 이 세상 소풍 끝내는 날, 가서 아름다웠더라고 말하리라.' 내가 좋아하는 천상병 시인의 시처럼, 이 세상 소풍 끝낸 너희들 훨훨 날아 아름다운 곳에 닿아 있기를 기원한다.

이 세상 소풍 끝낸 너희들,
천상병 시인의 시처럼 훨훨 날아
아름다운 곳에 닿아 있기를 기원한다.

자식들이 먼 길을 떠났건만
올해도 봄은 왔다.
나에게는 힘든 봄이지만
봄이 있기에 희망을 꿈꿀 수도 있을 것이다.
환희, 준희가
환한 봄처럼 자라주기를…
봄 같은 마음으로
따스한 삶을 살아주기를…
이 작은 소망이
할머니의 모든 바람이란다.

PART 4

희망 _그리고…

꿈속에서 엄마는 천사가 되다

환희는 항상 나에게 이렇게 말한다.

"할머니, 우리 엄만 천사가 되었을 거야."

그날 여덟 살 환희는 이 방 저 방 뛰어다니며 사람들 옷을 붙잡고 다리를 끌어안으며 "우리 엄마 좀 살려주세요, 우리 엄마가 죽었대요" 하면서 펄쩍펄쩍 뛰며 울었다. 준희는 아직 어려서 엄마의 죽음을 전혀 인식하지 못하고 있었지만, 환희는 금세 알아채고는 큰 충격을 받았다. 어린 아이에게는 감당하기 벅찬 끔찍한 상황이었을 것이다.

장례식 이후 환희는 엄마 꿈을 자주 꾸었다고 한다.

"할머니, 어제 엄마가 와서 놀아주고 갔어요. 밥도 먹여줬어요."

엄마가 보고 싶어 꿈에서라도 엄마를 만나는가 보다. 요즘에는 좀처럼 울지 않았는데, 얼마 전엔 혼자 앉아서 울고 있었다.

"환희 왜 우니?"

"할머니, 엄마가 보고 싶어."

환희는 닭똥 같은 눈물을 뚝뚝 흘리면서 말했다.

"그래, 울어. 보고 싶을 때는 울어야지. 할머니도 울고 싶을 때 우니까 괜찮아."

환희는 눈물도 많지만 엄마를 닮아서 성격이 밝고 씩씩하다. 내가 화를 내면 어느새 다가와 "엄마, 이제 화 풀렸어?" "엄마, 이제 괜찮아?" 하고 묻던 진실이처럼 환희도 성내는 일이 별로 없다. 그런데 사랑하는 엄마를 잃고 삼촌마저 떠난 후 한동안 환희는 힘든 시간을 보냈다. 처음에는 환희에게 삼촌의 죽음을 어떻게 알려야 할지 걱정이 되었다.

"할머니, 나 물어볼 게 있어. 삼촌이 왜 안 보여?"

난감해하는 내 표정을 바라보던 환희의 표정은 금세 울음이 터질 것처럼 변했다. 저도 이상한 예감이 들었는지 엄마가 보고 싶다며 울기 시작했다. 나는 환희를 안아주며 말했다.

"괜찮아, 괜찮아. 엄마는 하늘나라에 가서 천사가 됐어. 그러니까 우리는 이렇게 그냥 재미있게 또 살면 되는 거야."

"할머니, 삼촌은 술 먹고 자는 거야?"

"응, 술 또 많이 먹었나 봐."

환희는 그제야 알았다는 듯이 고개를 끄덕였다.

"삼촌이 술을 많이 먹어서 깨어나지 못하는 거지?"

"응, 환희 말이 맞아. 삼촌이 술을 많이 먹고 그냥 안 깨어났어. 계속 그냥 잤어. 그래서 삼촌이 하늘나라에 갔어."

설마 하다가 저도 놀랐는지 얼굴이 싸늘해지면서 하얗게 질리는데, 뭐라고 아이를 위로해야 할지 당황스러우면서 나도 그만 슬퍼져서 눈물이 흘렀다. 환희는 나를 끌어안고 펑펑 울었다.

어린 나이에 감당하기 힘든 일들을 겪으면서 호수처럼 깊고 슬픈 눈빛을 갖게 된 환희……

"환희야, 이제 준희하고 할머니하고 식구가 이렇게밖에 안 남았네. 앞으론 우리가 열심히 살아야 돼."

환희는 내가 우는 모습을 보고 꼭 끌어안아주었다.

"삼촌이 환희를 많이 사랑했는데 이제 환희를 사랑해줄 사람이 없어 어떡하지?"

"괜찮아, 괜찮아. 할머니하고 살면 되잖아."

환희는 내 눈물을 닦아주었다.

하루는 환희가 잠에서 깨더니 신이 난 목소리로 나를 찾았다. 아침부터 환희가 왜 저럴까 궁금해서 다가가니 간밤에 좋은 꿈을 꾸었다고 했다.

"할머니, 삼촌하고 엄마 꿈을 꿨어."

환희는 말할 때 조근조근 침착하게 설명을 잘한다. 어린아이지만 환희의 목소리를 듣고 있으면 마음이 평온해진다.

"가족이 모두 사우나에 갔어. 엄마가 내 때도 밀어주고. 그리곤 점심으로 스테이크를 먹으러 갔는데 황금 스테이크가 나왔어. 엄마가 천사옷을 입고 스테이크를 썰어서 내 입에 넣어줬어. 밥을 먹고 한강에 바람을 쐬러 가서 연도 날리고 재미있게 놀다가 엄마가 이제 시간이 됐다고 가야 한다고 했어. 그리고 나를 재워줬는데 눈을 떠보니 아침이잖아."

"그래? 그런데 왜 할머니는 한 번도 꿈을 안 꾸지? 할머니도 보고 싶은데."

환희는 다 방법이 있다며 내게 비법을 가르쳐주었다. 엄마와 삼촌 사진을 베개 밑에다 넣고 자면 꿈을 꾸니까 꼭 그렇게 해보라는 것이었다. 내가 환희 말을 잊고 깜박했더니 환희가 자못 심각하게 말했다.

"할머니, 엄마 사진하고 삼촌 사진을 여기다 놓고 자라니까!"

그러고는 액자에 끼워둔 진실이와 진영이 사진을 빼서는 내 베개 밑에 넣어주었다. 하지만 나는 아무 꿈도 꾸지 못했다. 꿈에서라도 만나고 싶은데 노력해도 꿔지지가 않는다. 환희 말대로 진실이와 진영이가 하늘나라에서 잘 지내고 있으면 좋겠다.

딱 한 번 진영이 꿈을 꾼 적이 있다. 진영이가 떠난 지 일주일쯤 흘렀을 때다. 양복을 입고 있었는데 참 멋졌다. 엄청 밝은 얼굴로 나를 안아주면서 "엄마, 사람들이 나 어디 갔냐고 물으면 촬영 갔다고 해" 하고는 떠났다. 그후로 한 번도 꿈에 나타나지 않았다. 내 꿈에서도 그렇고 환희가 꾼 꿈도 그렇고, 자식들 모습이 환하고 건강해 보여서 적잖이 안도가 된다. 하늘나라에서는 잘 지내고 있을 거라고 믿어본다.

그래도 핏줄이지

그동안 여러모로 생각이 많았다. 내가 나이도 있고 하니 언제까지 손자손녀를 지켜줄 수 있을지 고민이 적지 않다. 그러기에 내 감정만 가지고 살 일이 아니라는 생각이 든다. 두 아이 장래를 생각하면, 조금씩 마음을 바꿔야 한다. 엄마를 볼 수 없으니 이제 아빠라도 보게 해야 한다.

어느 날 들으니 환희 아빠가 애들이 보고 싶어서 학교를 찾아가 두 시간을 서서 기다렸다고 한다. 그러고는 잠깐 애들을 보고 간 모양이었다.

고민이 많을 때 영자가 곁에서 아이들이 아빠를 가끔 만나면 더 밝아지지 않겠느냐고 말해주었다. 영자의 말에 긍정도 부정도 하지 않다가 곰곰이 생각해보니, 그래도 핏줄인데 아빠가 곁에 있어야지, 나 죽으면 누가 손자손녀를 돌보나 하는 두려움도 있어서 천천히 환희 아빠를 받아들였다.

진실이와의 일을 생각하면 지금도 너무 속상하지만, 자신도 아빠 노릇을 하려고 하니 좋은 시선으로 바라보고 격려해주려고 한다. 얼마 전부터는 환희와 준희 통장에 조금씩 보탬을 주고 있다. 아이들이 사고 싶어 하는 걸 사도록 용돈을 주는 셈이다. 이 돈을 나는 모아놓고 있다. 훗날 환희, 준희에게 주기 위해서다.

한번은 환희 아빠에게 만나자고 연락을 해서 밖에서 따로 만났다. 서로 서먹한 감정이 없을 수 없지만 아이들을 위해서라도 어른들의 감정은 극복해가며 양육에 힘을 써야 할 것 같아 마련한 자리였다. 나는 환희 아빠에게 정말 하고 싶었던 말을 했다.

"어릴 때는 아버지의 역할이 매우 중요하다는 걸 자네도 알지? 바깥에서 그러지 말고 앞으로는 집에 와서 아이들 숙제도 봐주고 책도 읽어주면 좋겠어. 말 한 마디라도 따스하게 해주고, 아이들 고민도 들어주고 말이야."

그날부터 차츰 환희 아빠와 관계를 회복하고 있다.

처음에는 환희가 아빠에 대한 거부감이 많았다. 아빠가 어디 가자고 하면 준희는 쪼르르 따라나서는데 환희는 쭈뼛쭈뼛하면서 안 간다고 고개를 돌려버렸다. 할 수 없이 준희 혼자 아빠를 따라가 롯데월드에 가 놀이기구를 타고 올 때면 오빠 거라며 선물을 두 개씩 챙겨왔다. 준희도 자기 혼자 가니 기분이 안 났는지, 아빠가 배가 고프니 뭐 좀 먹자고 하는데도 자기는 배 안 고프다며 안 먹었다고 한다. 그러고는 집에 와서 라면 끓여달라고 해서 맛있게 먹으며 재잘재잘 아빠와 있었던 이야기를 풀어놓았다.

"오빠, 이거 아빠가 사주는데 오빠 거까지 내가 다 골랐어."

자기 장난감까지 챙겨와서인지 환희도 기분이 좋아져서 둘이 그 장난감을 가지고 한참을 놀았다. 몇 번 이런 일이 반복되니 환희도 이제 아빠와 함께 가도 아무 일이 없구나 하는 마음이 슬그머니 드는 것 같다.

"환희야, 아빠하고 목욕 좀 다녀와."

그러자 환희는 눈이 똥그래져서 물었다.

"나 혼자?"

"응. 너도 이제 컸으니 남자 목욕탕 가서 씻어야지. 이제는 할머니가 못 따라가잖아."

한번은 야구 시즌이 되어서 환희 아빠가 야구 시합 보러 가자고 하니까 환희가 자기는 야구 싫으니 안 가겠다고 말했다. 내가 자꾸 가라고 했더니 급기야는 화를 냈다.

"할머니, 나 안 가니까 그런 줄 알어! 할머니 요새 이상해졌어. 왜 자꾸 아빠한테 가라고 그래? 나는 아빠를 믿을 수가 없어."

"왜 못 믿어? 아빠니까 너 구경도 시켜주고 하는 거잖아. 딴 애들도 아빠가 집에 와서 놀아주고 하는 모습 보면서 부럽다고 했잖아."

"나도 다 알아. 아빠가 우리 버렸잖아. 그러니까 자꾸 나를 설득

하려고 하지 마."

환희에게도 집을 떠난 아빠의 모습은 큰 상처였나 보다.

"할머니가 나를 아예 아빠 집으로 보내려는 거 아냐?"

"아니야, 환희야. 할머니를 믿어. 환희도 나중에 아빠가 좋아질 거야. 너 어릴 때 아빠가 얼마나 사랑해줬는데."

환희는 할머니 말을 도저히 믿지 못하겠다는 표정이었다. 아빠를 보고도 내 뒤에 꼭 붙어서 바라보기만 했다. 하도 답답해서 등을 떠밀면 그제야 쭈뼛거리며 아빠 무릎에 겨우 가서 앉았다. 그렇게 조금씩 아빠에게 인사하는 습관을 들이자 아빠가 뭐라고 속삭이면 따라 웃기도 했다. 한편으론 아빠가 무섭고 싫으면서도 다른 한편으론 아빠의 정이 너무나 그리웠던 것이다. 그 모습을 보니 기가 막히기도 하고 콧날이 시큰해지기도 했다. 그런데도 아빠에게 마음을 쉽게 줄 수 없는지, 올 때마다 당혹스럽다는 내색을 하곤 했다.

8월은 환희의 생일이 있는 달이다. 친구들을 초대해 파티를 열어주고 있는데 환희가 후다닥 내게 뛰어오더니 내 다리를 꼭 붙잡았다.

"아빠 왔다! 어떡하지? 나 오늘 친구들하고 놀지도 못하겠다."

"놀아. 어때서 그래?"

말은 그렇게 했어도 아이들이 우르르 곁으로 다가오자 함께 뛰어나가 물총놀이를 하면서 신나게 놀았다. 환희 아빠도 쫓아나가 옷이 흠뻑 젖도록 놀아주니 나중에는 환희가 아빠 뒤를 졸졸 쫓아다녔다. 그후로 아빠와 목욕탕도 가고 할아버지 댁에도 가서 놀았다.

또 할아버지 할머니 집에 가면 어른들이 손주 왔다고 위해주니 저도 신나한다. "할아버지 집에 가면 한 밤 자고 오는 거야? 두 밤 자고 오는 거야?"라고 묻고는 준희와 앉아서 짐을 싼다. 이렇게 아이들을 보내놓고 나면 나도 모르게 눈물이 주르륵 흐른다. 외손자를 위하느니 차라리 방아깨비를 위하랬다고, 애써 길러놨더니 참새 새끼마냥 날아서 저렇게 갈 준비를 하는구나 싶어 서글픈 마음이 들 때가 있다. 예뻐하고 사랑하되 서서히 마음을 비워야 하는 날이 오고 있는 것이다.

지난날을 떠올리면 아직도 가슴이 아프고 용서가 안 되지만, 내 속 아픈 거야 아픈 것이고 아이들에게는 아빠가 누구보다 필요한 존재다. 다른 집 아이들처럼 아빠가 오면 목말 타고 씨름도 하면서 뒹굴며 노는 동안 환희, 준희 표정이 더 밝아지는 것을 본다. 이제 어디 나가도 주눅 들지 않고 자신감이 생긴 것이다. 순리대로 나는 마음을 비워야 하고, 집착하지도 말아야 하며, 물 흐르듯 가야 한다. 막는다고 해서 핏줄의 당김이 끊어지는 게 아니라는 걸 알기에 나는 오늘도 메모지에 '마음을 비우자'고 적는다. 내가 지켜줄 수 있을 때까지 손자손녀와 함께하다가 어느 날 때가 되면 가벼운 마음으로 진실이와 진영이를 만나러 가고 싶다.

진실이를 닮은 손자, 진영이를 닮은 손녀

"애들 밥은 먹었어요?"

다른 엄마들도 그렇겠지만 진실이도 일 나가면 수시로 전화를 걸어 아이들 안부를 물었다.

밤마다 전화를 해 아이들 자냐고 물어보고 사랑한다고 전해달라는 말을 잊지 않았다. 없는 아빠의 몫까지 해내려니 더 많이 신경을 써야 했을 것이다. 밖에 나갔다 오면 꼭 애들 방으로 먼저 뛰어갔다. 아이들이 자고 있어도 한 번씩 끌어안고 얼굴 만져주고, 일을 쉴 때는 부엌에 가서 스파게티나 김치볶음밥을 해서 먹였다. 하다못해 라면을 끓여도 누구 시키지 않고 자기가 해서 아이들에게 먹였다. 해외 촬영 갔다 오면 두 아이 입을 옷과 엄마, 진영이, 이모 것만 챙겨왔다.

"네 옷은 왜 없어?"

"나는 괜찮아. 지금도 많은데 뭘 사요."

진실이는 환희는 환희대로, 준희는 준희대로 아이들의 장점을 파악해 그것을 키워주고 싶어 했다. 환희는 엄마를 닮아 미술에 소질이 있고, 배우의 기질도 엿보인다. 준희는 아빠를 닮아 운동감각이 있다. 요즘은 발레를 배운다. 특히 준희는 똘똘하고 야무지다. 엄마의 바람대로 영특한 아이로 자라고 있다.

준희를 가만히 보고 있으면 어릴 때 진실이의 모습이 보인다. 그러나 진실이는 약간 맹한 구석이 있었는데 준희는 매사에 똑부러진다. 말도 똑똑하게 하고 자신감도 넘치고 용감하다. 주저하는 게 없다. 자기 할 말은 다 하고 뭐든지 자기가 제일 잘해야 된다는 욕심이 있다.

"준희는 사막에 데려다놔도 잘 살 거야."

"할머니, 정말?"

"응."

이런 준희를 보고 있으면 곁이 든든하다. 이에 비해 환희는 삼촌 성격을 닮은 구석이 있다. 낯선 사람 앞에서는 숫기가 없다. 진실이도 낯가림이 심했다. 그런 아이가 연예인이 되었다는 게 신기할 정도였다. 그래도 환희는 다정하고 섬세한 구석이 있어서 할머니 마음을 헤아릴 줄 안다.

아이들이 잠든 밤, 참고 참았던 눈물을 흘리며 앉아 있는데 환희가 내 방으로 들어왔다. 눈물, 콧물이 바닥에 떨어지도록 울고 있던 참이어서 환희를 보고도 눈물이 멈추지를 않았다.

"할머니, 그만 울어. 너무 많이 울었어."

그러면서 휴지를 빼다 주고, 또 빼다 줬다. 그러고는 내 앞에 무릎을 세우고 한참을 쭈그려 앉아 있었다. 며칠 뒤에는 할머니를 좀 웃겨줘야겠다며, 어디서 배웠는지 〈개그 콘서트〉 같은 걸 하고 노래를 부르고 원숭이 흉내를 내며 새벽 1시까지 떠들었다.

"어머, 환희야. 이런 건 다 어디서 배웠어?"

"응, 학교에서 점심시간이 되면 애들이 나한테 몰려와. 웃긴 이야기 해주면 디들 재밌다고 해. 할머니, 엄마도 그랬어?"

"그럼, 엄마도 친구들이 좋아했어. 환희야, 초등학교 친구는 영원히 가는 거야. 다른 것도 중요하지만 좋은 친구는 금을 주고도 못 사는 거야. 그러니까 친구들을 굉장히 소중하게 여겨야 해."

"알았어요, 할머니."

환희 친구들도 그렇지만 아이들의 어머니들도 참 좋으신 분들이다. 환희, 준희가 지금처럼 밝게 자랄 수 있는 것도 학교 친구들과 그 어머니들이 신경을 써주시는 덕분이다. 그래서 항시 그분들에게 감사한 마음을 갖고 있다.

환희는 할머니를 끔찍하게 생각해서 TV를 보다가도 약 광고 같은 게 나오면 나를 부른다.

"할머니, 저거 봐 저거. 저거 먹으면 백 살까지 산대. 빨리 저것 좀 먹어."

환희, 준희를 보면 진실이나 진영이를 키우면서 느꼈던 감정과는 또 다르다. 그때는 먹고사는 일에 찌들어서 아이들에게 사랑한다는 표현을 잘 못했다. 그런데 지금은 환희, 준희 얼굴만 봐도 사랑스럽고 저절로 안아주고 싶다. 아이들 커가는 것만 봐도 보람이 생기고 정이 솟는다. 그래서 학교에 다녀오거나 잠자리에 들기 전 한 번씩 꼭 안아준다. 이렇게 사랑스럽게 커가는 아이들을 보면 진실이가 생각난다.

"아휴, 바보. 조금만 참지. 이렇게 의젓한 환희와 똑소리 나게 영리한 준희 크는 것도 못 보고……"

일단 두 아이를 건강하게 키우고 공부도 하고 싶다고 할 때까지 시키는 것이 나의 목표다.

"환희는 커서 뭐 되고 싶어?"

"축구선수, 연기자, 화가."

"준희는 커서 뭐 하고 싶어?"

"발레리나, 연예인, 주부, 음 또……"

환희와 준희는 하고 싶은 게 정말 많다. 나는 장래 진로를 두 아이의 결정에 맡기고 곁에서 그저 도와주기만 할 것이다. 나는 두 아이가 자신이 원하는 일을 하며 행복한 인생을 살았으면 좋겠다.

사람이 가난하게도 살아보고 부자로도 살아봐야 인생의 즐거움을 알지, 항상 부자면 즐거움도 고마움도 모른다. 환희, 준희가 엄마가 가난하게 살았던 시절 이야기도 귀 기울여 듣고 헤아리면서 훗날 사회에 보탬이 되는 일을 할 수 있다면 좋겠다. 이보다 더한 바람은 없다.

"할머니, 난 누구 닮았어?"
아이들이 물으면 나는 웃으며 말한다.
"엄마, 아빠, 삼촌 다 닮았어."
진실이가 하늘나라로 가기 전 아이들에게 남긴 시가 있다.

사랑하는 환희, 준희

아무 말도 할 수가 없구나!
그저,
사랑하는 내 아들, 내 딸
상처받지 말기를……
찡그리지 말기를……
아파하지 말기를……
울고 있지 않기를……
체념하지 말기를……
사랑받고 있기를……
사랑하고 있기를……
그리고, 사랑할 수 있기를……

너희들밖에는 안길 수 없는 엄마의 품을 잊지 말기를.

아이들은 딸의 소망처럼 잘 자라고 있다. 올해 아이들과 비행기를 타고 여행을 갔는데 작년과는 사뭇 다른 모습이었다. 얼마 전까지는 이거 하지 마라, 저거 하지 마라 잔소리를 해야 했는데, 이번에는 저희들이 다 알아서 했다. 비행기 좌석에 앉아서 음악 듣고, 책 읽고, 졸리면 자고…… 그 모습을 보면서 속으로 내심 놀랐다. 아이들이 훌쩍 자랐다는 것이 기특하면서도 한편으론 안쓰러웠다. 저 모습을 엄마가 봤으면 우리 아이들 다 컸다며 대견해했을 텐데…….

한 해 한 해 아이들이 자랄수록 교육적인 부분에서 어려움이 많았다. 방학이 되면 집에서 모든 공부를 봐줘야 하는데, 어디서부터 어떻게 가르쳐야 할지 걱정이 되었다. 그 전에는 방학숙제를 많이 내줘서 꼭 해야 하는 것들이 있었다면 이제는 알아서 자율적으로 해야 하니 이 또한 내게는 힘든 일이 되었다. 환희가 2학년 때까지만 해도 거의 다 봐주고 챙겨줄 수 있었는데, 4학년 과정에 들어가니 모르는 게 많아서 한계를 느낀다. 그래서 같은 반 엄마들에게 연락을 해서 도움을 구한다.

"아, 환희 할머니세요? 편하게 무엇이든 물어보세요. 할 수 있는 거라면 뭐든 도와드릴게요."

정말 고맙게도 내가 부탁을 하면 주변 엄마들이 친절하게 이것저것 챙겨주고 도와주신다. 영어 캠프는 어떻게 가는지, 겨울방학에 다닐 학원은 어디가 좋은지, 과제물은 어떤 게 있는지 꼼꼼하게 체크해주시니 나로서는 정말 큰 도움을 받는 셈이다. 환희도 매일 집에서만 공부하다가 학원에 가니 공부가 즐겁고 좋다고 한다. 할머니하고 공부하는 것보다 친구들과 어울려 공부하는 게 아무래도 더 능률이 오르고 재미있는 모양이다.

    이제 환희, 준희를 마냥 애라고 생각해서는 안 된다. 모든 사고방식이 어른 수준이다. 말도 함부로 하면 "아휴, 할머니 그건 틀린 말이에요" 하고 지적을 한다. 그러면 나는 얼른 "응, 할머니가 실수했어" 하고 인정한다. 모르는 걸 안다고 얼렁뚱땅 얘기했다가는 애들에게 혼쭐이 난다.

    환희, 준희가 커가니 환희 아빠가 애들 공부에 신경을 써주었으면 좋겠다. 함께 운동 다니고 놀러 가는 것도 좋지만 앞으로는 학과 공부에 충실할 수 있도록 옆에서 함께 책을 읽고 도서관도 다니면서 자연스럽게 공부가 몸에 익도록 도와주면 좋겠다.

엄마의 생일파티 다음날..
엄마랑 희희랑 쭉인이는 바닷가를 갔어요
엄마는 바다를 보고 생각했거요.
엄마는 희희랑 쭉인이를 바다만큼 사랑해요.

내가 상처를 받았듯이, 남편도 많은 상처를 받았을것이다.
그 상처는 주게 뒤에서이 직접적으로 시부를 향하기 힘든것도 있으므로
늘 당사자들에게 통보되었나 없이 남편에게 사실상 떠넘겨져 감정 밭으로
연결이 해소되기 몹시 상처도 포함되어 있다.
중증만 선택하게 기사를 보여졌더라면 하는 아쉬움이 남는다에 만났다
어쩌면 남편이라 나의 가정은 이혼이라면 그랬으로 기울어지지 않기 않는
데에 저희있었음이 서로이다.

나는 드물정하게 엄마에게 대처해 하루도 뒤동아를 여유없이 앞앞을 보며
달려왔다. 다행인지 불행인지 나는 이라도. 작년부터 남편에게 이모 인해
참가라다시피 집이 돌처지봤다. 대응이 우리아이들라는 상상할수도 없이
엄마나 시장을 함께 보냈부었었다. 그리고 아이들을 바라보면서
남편이 대한 미움을 희석시키기위해 (공부책을 지었을 나는 아버님속 말개했었다.
그래서 나는 미움에서 해방될수 있었다. 지금 나도 불행하지만 그 렇게서
행복을 찾는법을 배우고있다. 말하자 수만이 그게 내가 아빠없이도 충분히
행복할수 있다는 안도감이 자신이 시험해나갈 바란다. 그렇게 지었을때 나는
미움과 생각없이 아들을 생각할것이다. 지난 1년 나는 순한거울을 배우면서
희미시작출을 찾았다. 1년동을 함께한 수만이의 모자만 순에까지는 떳다
거의히 보였고 처음 떴던 모자가 처음 엉성한 시작임을 증서 알수있지요.
나는 그 모자들을 수정히 걸작을 상상이다. 오래와 모자는 아이들이 하루가
다르게 부쩍 자란 자라는것을 증명해준다. 머리둘레가 상상을
응용하게 커지고 있으니 말이다. 아이들의 머리둘레가 검정 커지면
그만큼. 아빠에게 고음이 덮이 필요해지겠지 하는 생각을 할때쯤이면
나도 모르게 울컥 눈물이 나오한다. 그 그 오늘쯤. 아이들이 내게 아시
왜 우리에겐 아빠가 없지?? 라고 물었을때 어떻게 대답을 해야할지
나는 아직 알지 못한다. 대한 환희라 수민이가 가진 때때에 대한 그리움과
나는돈 홀로된 엄마이 그녀라 뒷바라지 대변해야 한다는 막면한 생각이 앞으로
내가 걸어가고 가야한 걸음처럼 내를을 무겁게 만드로 한다.

> "지금 나는 불행하지만
> 그 안에서 행복을 찾는 법을
> 배우고 있다. 환희와 수민이 그리고 내가,
> 아빠 없이도 충분히 행복할 수 있다는
> 어느 정도의 자신이 생겨나길 바란다."

내 생의 마지막 소원

지금도 나만 남겨두고 떠난 진실이와 진영이를 생각하면 원망이 없을 수 없다. 저희들 어릴 때 고생시키고 대학 가고 싶다는 걸 못 가게 한 잘못밖에 없는데, 왜 이런 고통을 나에게 주고 갔는지 모르겠다. 여전히 밥 굶는 사람도 있고 가난한 나라에 가면 어린애들조차 힘든 노동을 하면서 살아가는데, 고통스럽다고 그렇게 훌훌 떠나버리면 남겨진 사람들은 어떻게 하라는 건지 야속하고 밉다.

길거리에서 파 장사를 해서라도 두 아이 안 굶기려고 부끄러운 거 무릅쓰고 살아왔는데, 그런 엄마에게 이토록 모질게 굴 수 있는 건지…… 이 아픔은 무엇에도 비길 수 없다.

자식들을 보내고 난 뒤의 절망감은 이루 말할 수 없었다. 당시 여덟 살이었던 환희는 한동안 심리치료를 받으러 다녔다. 치료를 받고 어느 정도 좋아져서 다시 친구들과 활발하게 어울려 놀기도 하지만 그래도 가슴 깊숙한 곳에는 죽음에 대한 두려움이 있는 것 같다. 환희는 엄마의 죽음 이후 자주 죽음에 관한 질문을 했다.

"할머니, 사람이 죽으면 어디로 가지?"

"하늘나라로 가지."

"사람은 왜 죽지?"

"할머니처럼 나이가 들면 자연스럽게 하늘나라로 가는 거지."

환희가 이런 질문을 할 때마다 가슴이 철렁 내려앉았다. 하지만 이제는 더 이상 죽음에 관한 말을 입에 담지 않는다. 대신 나에게 오래오래 살라는 말을 자주 한다. 어린것들이 매우 힘들었을 텐데 용감하게 이겨나가는 환희, 준희를 보면 저절로 고맙다는 말이 나온다.

환희는 아빠와 엄마가 왜 헤어져 살게 되었는지, 엄마가 무엇 때문에 힘들어했는지 인터넷 기사를 통해 본 모양이다. 네다섯 살 때 기억도 모두 가지고 있어서 내가 무슨 말을 하면 곧이곧대로 듣지 않을 때가 여러 번이었다. 그때마다 엄마 아빠의 삶에 대해 안 좋은 인식이 남지 않을까 싶어 나는 늘 전전긍긍했다.

"환희가 어른이 되면 엄마 아빠가 왜 그랬는지 이해할 날이 있을 거야. 너도 남자니까 아빠에 대해서도 이해하게 될 거야."

내가 다독이면 환희는 조금 심각한 표정으로 듣고 있다가 알겠다며 씩 웃는다. 그럴 때 보면 또 영락없는 진실이 어릴 때 모습이다.

애들 아빠를 보면 내 딸 생각이 나 가슴이 아프다가도, 환희의 장래를 생각하면 내가 져주는 것이 이치에 맞구나 하고 마음을 다잡게 된다. 아이들에게만은 어른들의 한을 대물림해서는 안 된다.

하루는 환희가 꿈속에서 엄마를 만났는데 "환희도 크면 엄마를 이해하게 될 거야" 하면서 머리를 쓰다듬어주었다고 했다.

내 꿈속에는 안 나타나면서 그래도 아이들 꿈속에는 종종 찾아와 얘기도 들어주고, 같이 웃기도 하면서 시간을 보내고 가나 보다. 그때마다 엄마가 천사처럼 예뻤다고 환희는 자랑을 한다. 멀리서도 아이들이 걱정되어 진실이와 진영이가 한 번씩 다녀가는 모양이다. 환희의 꿈 이야기를 들을 때마다 나도 그리운 마음에 혼자 또 눈물을 삼킨다.

사람이 사람을 사무치게 그리워한다는 말이 무슨 의미인지 늦은 나이에 뼈저리게 절감하고 있다. 살아서는 둘도 없는 효녀, 효자였는데 죽어서는 꿈에서조차 얼굴 한 번 제대로 안 보여주니 속상할 때가 많다. 환희, 준희는 장래희망을 말할 때면 그중 하나로 꼭 연기자를 넣는다. 엄마와 삼촌이 살아 있을 때도 그랬고, 아빠를 보면서도 스타가 되는 건 멋진 일이라고 여기는 것 같다.

"할머니, 엄마가 유명한 사람이었어?"

준희가 천진난만한 표정으로 묻는다.

"그러엄. 사람들이 엄마보고 국민배우라고 할 때도 있었어. 사람들이 엄마를 많이 좋아해줬어. 엄마는 훌륭한 연기자였거든. 환희, 준희는 엄마를 자랑스러워해도 돼."

비록 나쁜 루머에 연루되어 아픈 생을 마감했지만 진실이는 20

여 년간 너무나 많은 사람에게 큰 사랑과 축복을 받았다. 열정적으로 불꽃같이 살다 간 삶이었다. 어느 정도 누나의 그늘에 가려져 있었지만 진영이 또한 타고난 재주와 착한 심성으로 주위 사람들에게 행복을 주었다.

"환희, 준희야! 엄마하고 삼촌은 서로를 위하고 아껴주는 남매였어. 어려울 때 도와주고 힘들 때 위로해주고 기쁠 때 누구보다 기뻐해주는 의좋은 사이였어. 그런데 엄마와 삼촌이 좀 지쳤어. 그래서 나쁜 결정을 한 거야. 그럼 안 되는 거였는데 그랬어. 그래도 엄마와 삼촌을 나무라진 말자. 우리는 나쁘다고 하지 말고 이해해주자. 엄마와 삼촌이 멀리서 걱정 안 하게 환희, 준희는 정말 씩씩하고 건강하게 지내야 해. 할머니 말 무슨 뜻인지 알지?"

환희, 준희에게 할머니로서 소망이 있다면 무엇보다 건강하고 착하게 인생을 살았으면 하는 것이다. 남보다 더 좋은 직업, 명예, 재산을 누리려고 욕심부리기보다는 소박하게 즐겁게 살면 좋겠다. 자식들이 살아 있을 때 부와 명예를 다 누려보기도 했지만 그걸 지키기 위해 그만큼 힘들고 괴로운 순간들이 있었다. 죽는 날까지 환희, 준희는 불행이라는 말을 모르고 살았으면 하는 것이 나의 간절한, 정말 간절한 소망이다.

지금도 아이들 묘에 가면 팬들이 놓아두고 간 꽃이며 커피가 있다. 그걸 보고 있으면 순간 가슴이 뭉클해진다. 두 아이로 인해 힘들 때 삶의 용기를 얻고 희망을 가졌다고 말하는 팬들도 있다. 먼 곳까지 찾아와주는 한 분 한 분의 팬들을 대할 때면 고마워서, 너무 고마워서 어떤 말로도 고마운 마음을 다 표현하지 못할 것 같다. 이 세상에 두 아이가 살다 갔다는 걸 잊지 않고 기억해주시는 고마운 분들이다.

혼자 방에 있으면 여전히 눈물이 나고 땅속으로 꺼졌으면 하는 비참한 심정이 들 때도 있지만, 이런 분들의 격려와 따뜻함이 내게 또 새로운 용기를 준다. 환희, 준희가 성장해 어른이 될 때까지 나는 힘들어도 버텨야 한다. 지금 아이들에게는 외할머니라는 존재가 필요한 시기다. 그래서 주변 사람들이 힘들 때 읽으라며 권해주는 시집이나 책들을 읽고 명상을 하면서 내 괴로움을 다스리곤 한다. 내가 가장 애송하는 시는 천상병 선생님의 〈귀천〉이다. '나 하늘로 돌아가리라 / 새벽빛 와 닿으면 스러지는 / 이슬 더불어 손에 손을 잡고 // 나 하늘로 돌아가리라 / 노을빛 함께 단둘이서 / 기슭에서 놀다가 구름 손짓하면은 / 나 하늘로 돌아가리라 / 아름다운 이 세상 소풍 끝내는 날 / 가서, 아름다웠더라고 말하리라.'

마지막 가는 날까지, 그 순간까지 나는 환희, 준희에게 부끄럽지 않은 할머니로 기억되고 싶다. 그리고 다른 세상에서 진실이와 진영이를 만났을 때 엄마가 정말 해야 할 일을 하고 왔다고, 걱정하지 않아도 된다고 꼭 껴안아주고 싶다.

살아 있을 때 더 많이 안아주고, 사랑하고, 보듬어줄 걸…… 이 늦은 후회를 환희, 준희에게는 하지 않도록 오늘도 나는 최선을 다해야 한다.

환희, 준희야. 할머니에게는 너희가 최고란다!
사랑하고 또 사랑한다.

글을 마치며

진실, 진영이에게 보내는 편지

너희 둘이 엄마 곁을 떠난 후, 아침이면 눈을 뜨는 나를 원망한다. 그냥 깊은 꿈속에서 깨어나지 말았으면……

가엾은 너희들을 생각하면, 아직도 받아들여지지 않는 현실이 눈물겹지만 그래도 엄마는 좌절하지 않으려고 한다.

아무리 아픈 일도 세월이 지나면 잊혀진다는데 가슴에 묻은 자식들은 그럴 수가 없는지, 새록새록 못해준 일들만 떠올라 미안해진다. 시간이 흐른다고 어찌 너희들을 잊을 수 있을까.

진실, 진영아. 너희는 구름이 되었을까? 바람이 되었을까? 아니면 밤하늘에 반짝이는 별이 되었을까? 너희가 있는 하늘나라에도 봄이 오고 꽃이 피고 새가 우는지 엄마는 궁금하다.

혹여 남은 슬픔이 있다면 다 버리고 이제 너희 남매 둘이서 두 손 꼭 잡고 천리만리라도 날아서 평화롭고 아름다운 곳에서 쉬기를 기도한다.

진실, 진영아. 너희가 엄마 몸에서 태어날 때 정말 힘든 산고를 겪었단다. 그렇게 낳은 너희들은 엄마에게 더없는 기쁨을 선사해주었지. 이 세상 엄마들이 다 그렇듯이, 남과 같이 풍족하게 못 먹이고 못 입혀서 늘 마음이 아팠단다. 너희들은 그래도 무럭무럭 잘 자라주었고, 어느새 어른이 되어 이 못난 엄마를 기쁘게 해주었지. 사랑하는 내 자식 진실아, 진영아. 고맙고 또 고맙구나.

때로 너희들이 엄마에게 주고 간 행복한 시간과 나날들이 그립다. 이 세상에 와서 이만하면 되었다고 늘 하느님께 감사했고 너희들에게도 고마웠다. 더도 덜도 말고 이대로만 살다 가면 좋겠다고 생각했다. 하지만 하느님은 영원한 행복이란 없다는 듯 나에게서 너희들을 데려가셨구나.

진실, 진영아. 그간 못다한 이야기가 많고 많아 밤을 새워도 다 할 수가 없을 것 같구나. 너희를 만나면 그때 원없이 이야기를 해야지 하면서 엄마는 하고 싶은 말을 마음에 잘 담아두고 있단다.

오늘밤엔 유난히 바람이 부는구나. 창문 흔들리는 소리가 들리면 혹시 이 밤에 너희가 엄마를 찾아온 것은 아닌지 싶어 더 간절히 보고 싶은 마음이 든단다.

너희들도 아궁이에 연탄불 갈아넣고 아랫목에서 셋이 이불 쓰고 앉아 밤 깊은 줄 모르고 도란도란 이야기를 하던 어린 시절을 기억하겠지. 꽁꽁 언 김치 한 포기 꺼내놓고 찬밥 한 숟가락에 김치 쭉 찢어서 너 한 번, 나 한 번 먹으면 그 맛이 참 꿀맛 같았다.

그때 우리 정말 행복했는데…… 세월을 되감을 수만 있다면 한 번이라도 그 시절로 꼭 가고 싶다. 털실 토막토막 이어서 조끼도 뜨고 모자도 떠서 너희에게 입혀줄 때의 그 기쁨을 지금도 잊을 수가 없구나.

진실아, 또 이런 일도 있었지. 대충 어림잡아 네 색동 드레스를 뜰 때 나는 커다란 붉은 장미꽃을 달았지. 내가 봐도 너무 예뻤던 손뜨개 드레스. 네가 입고 나가면 시골 동네 엄마들이 난리가 났었단다. 작아서 못 입게 되면 자기 딸 달라고 순번을 정해놓고 줄을 섰었지.

진실아, 진영아. 그곳은 괴로움도 서러움도 없는 곳이겠지? 거기서는 행복도 불행도 생각하지 말고, 뒤돌아보지도 말고 그저 평화롭게 지내거라.

　영혼이 있어 엄마를 볼 수 있다면, 가끔 바람소리로라도 인사해주렴. 그리고 환희, 준희를 위해 엄마를 응원해주렴. 살면서 엄마에게 섭섭한 일도 많았겠지. 때론 미울 때도 있었겠지. 섭섭하고 미운 감정이 있었다면 다 용서해라.

　얼마 전에는 너희들 무덤가에 패랭이와 장미꽃을 심었단다. 화사하게 피어난 꽃들이 너희들 모습인 듯 눈부시고 어여쁘더구나. 비록 엄마와 너희를 사랑하는 사람들에게 아픔을 주고 떠났지만, 그래도 세상은 아직도 너희를 사랑하고 있다는 것을 잊지 마라.

　엄마에게 너희는 무엇과도 바꿀 수 없는, 보석보다 더 귀한 선물이었단다. 멀리서나마 엄마의 사랑을 꼭 기억해주기를…….